옳음보다 친절을 선택한

마쉬멜로우 퍼실리테이션

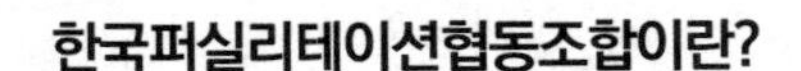

한국퍼실리테이션협동조합이란?

한국퍼실리테이션협동조합은 옳음보다 친절을 선택하는 퍼실리테이터들의 단체이다. 정현진 대표는 현재 동명대 두잉학부 퍼실리테이터 전문 객원교수로, 지난 2011년 부산광역시 교육토론회 퍼실리테이터를 시작으로 프리랜서로 활동하면서 퍼실리테이터들을 양성하고 있다. 10여 년이 넘는 시간 동안 각종 토론회에 참여하며 연수, 실습, 교육, 캠프 프로젝트 등을 통해 꾸준히 다양한 분야의 퍼실리테이터들을 양성해왔고, 가족과 같은 끈끈함으로 만나는 활동가들에게 토론회 뿐만 아니라 삶에서 퍼실리테이터화 될 수 있도록 교육하며 함께 해오고 있다.

교육청에서 주관하는 고등학생대표협의회, 학생의회, 교사연수, 학부모 교육 등을 진행하고 있으며, 관공서에서 실시하는 여러 토론회, 주민연수, 공무원 교육, 마을교사 연수와 마을에서 기획하는 시민연수 등의 교육적 활동과 그밖에 기업에서 주관하는 다양한 연수와 토론회를 진행하며, 관광기업 지원, 민주시민 양성, 지속가능한 환경, 친환경 급식 등 다양한 분야의 토론회를 통해 경청과 발표의 조화로운 토론 문화 조성을 위해 힘쓰고 있다. 소통과 문제해결이 필요한 곳에 함께 하는 한국퍼실리테이션협동조합에는 옳음보다 친절을 선택하는 퍼실리테이터들이 있다.

추천사

앞으로 우리 사회를 이끌어갈 인재는 소통과 공감, 존중과 배려라는 흔들림없는 가치를 바탕으로 스스로 문제를 유연하게 해결해 나갈 수 있어야합니다. 하지만 그 방법을 친절하게 제시해주기가 쉽지 않았는데, 〈마쉬멜로우 퍼실리테이션〉은 옳음보다는 친절을 선택한 퍼실리테이터들의 이야기로 그 방법을 들려주고 있습니다. 특히 무엇이든 실행하며 무엇이든 실현해내는 두잉(Do-ing)대학을 만든 저이기에 퍼실리테이터들이 겪은 생생한 현장 경험의 글에 절로 고개를 끄덕이게 되더군요. 이들 각자가 실천하는 존중과 친절이 어떤 결과물을 만들어 내는지 알아가는 과정은 참으로 흥미진진했습니다. 부디 더 많은 분들이 〈마쉬멜로우 퍼실리테이션〉을 통해 갈등 상황에서는 옳은 해결방안을, 상처입은 마음엔 친절한 위로를 얻게 되길 바랍니다.

동명대학교총장 전호환

〈서울의 봄〉이라는 영화에서 권력 야망을 숨기지 않는 캐릭터 전두광은 '사실 인간이라는 동물은 강력한 누군가가 자기를 이끌어주기를 바란다'고 단정한다. 흔히 '카리스마 리더십'이라 불리는 강력한 리더십이다. 카리스마는 '신이 내린 선물'이라는 뜻이어서 보통 사람과 차별되는 특정인들에게만 있는 예외적이고 비범한 능력으로 이해된 바 있다(House, 1977). 그러다보니 흔히 위의 대사처럼 전횡과 독재를 미화하는 논리로서 사용되기 일쑤였다. 그러나 이미 20세기 초, 막스 베버는 개인의 카리스마에 기대기보다 합법성에 기반한 권한 획득의 구조화를 중요하게 제기 한 바 있다. 특히 세계대전이나 냉전시대와 같이 빠른 의사결정을 필요로 하던 시대가 가고 다원주의적 시대가 도래하게 되면서 협력과 대화를 통한 합의가 중요하게 등장하였다. 그러나 한 세대의 문화는 쉽게 변화되지 않는다. 기존의 권위는 작동하지 않지만 새로운 질서는 아직 태어나지 않은 공위(Interregnum)적 혼란 속에서 카리스마에 대한 반동적 향수에 기대보기도 하지만 새로운 시대에 요구와는 상응하지 않을 수밖에 없다. 결국 필요한 것은 민주적인 소통과 협업의 구조를 만드는 것. 이 책이 제시하는 '마쉬멜로우 퍼실리테이션'은 이를 지원하기 위한 지원체제다. 참여 구성원들의 역량을 강화하면서 신뢰를 증진하고 협력을 촉진하는 관계형성을 지원하는 것이다. 퍼실리테이션을 통해 스스로 성장한 사람들의 경험이 이 책을 통해 소개되고 있다. 그 경험이 단순히 개인의 배움을 넘어 사회적인 가치를 실현하는 역할로 확장될 수 있음을 보여주고 있다. 이 책을 통해 퍼실리테이션의 기본철학과 구체적 기법까지도 들여다봄으로써 21세기를 위한 새로운 세계로 함께 나아가는 계기가 되리라 기대한다.

신나는학교 교장, 건신대학원대학교 대안교육학과 겸임교수 하태욱

정현진 교수님은 마음이 한없이 따뜻하고 친절한 매너를 가진 사람입니다! 그래서 눈물이 있고, 감동이 있으며, 타인에 대한 지극한 배려와 정성 그리고 사랑이 가득한 사람입니다. 이러한 교수님의 인격과 성품이 어디에서 왔는지? 를 생각해 보았는데, 답을 얻었습니다. 바로 예수님의 삶을 꾸준히 그리고 진실하게 닮아가는 교수님의 거룩한 삶의 여정이 그것을 가능케 하는 것이라 믿어졌습니다!

부족한 저는 목회자로 또한 방송선교사로 사역을 하면서 퍼실리

테이터의 부르심의 소명을 잊지않고 잃치않으려고 애를 씁니다 왜냐하면 저의 믿는 도리의 사도가 되시고 대제사장과 주님이 되시는 우리 예수님께서 친히 보여주신 삶의 모든 순간 순간이 진정한 퍼실리테이터의 최고 모델이셨다고 확신하기 때문입니다!

정 교수님을 부산극동방송에서 만났습니다! 여성합창단 단원으로 운영위원으로 동역해 주시는 교수님의 삶의 여정에서 주님을 닮아가며 한 영혼의 가치를 소중하게 여기는 친절한 크리스천 퍼실리테이터의 모습을 보았습니다!

이번에 편집해서 출간하는 "머쉬멜로우 퍼실리테이션" 을 통해서 여러 다양한 분야와 부르심의 자리에서 최선을 다해 "옳음보다 친절을 선택하는" 하나님을 기쁘시게 하고 소중한 사람들과 공동체를 아름답게 세우고 축복하는 영향력있는 퍼실리테이터들이 많이 세워지길 간절히 기도하며 축복합니다!

전 부산극동방송 지사장 & 선교사 목사 성영호

공감하여 감동주고 동행하여 행복주는 퍼실리테이터는 우리와 함께해 주는 삶의 희망이다. "우리 모두 함께 행복하기 위해서는 내가 소중한 만큼 다른 사람의 소중함을 늘 기억해야 합니다."는 글귀에 가슴이 뭉클해집니다. 행복은 평안과 기쁨에서 옵니다. 평안은 깊은 믿음과 기쁨은 범사에 감사함에 있고 이는 마음 근육의 활발한 움직임으로 찾아옵니다. 이 책에서 "그래, 그랬구나, 괜찮아"라고 말할 수 있는 마음 나눔의 용기로 행복을 채워가면 좋겠습니다.

청소년행복재단 사무총장 윤용범

프롤로그

퍼실리테이터님들께 진심으로 감사를 드리며

2011년부터 시작된 퍼실리테이터 활동이 책으로 쓰일 내용이 되리라고는 상상도 하지 않은 일입니다. 부산에서 제주도를 포함하여 전국 곳곳에 여행하듯 다닌 활동이 이젠 여러 가지 열매를 주렁주렁 맺고 있으니 그저 감사할 뿐입니다. 함께 공저에 동참한 퍼실리테이터님들의 소중함은 말로 다 설명할 수가 없습니다. 어디에 세워도 부족함이 없는 훌륭한 분들이 내 속에 들어와 본 것 마냥 척척 임원으로 함께 해주고 계시니 한국퍼실리테이션협동조합의 모든 일들은 팀워크가 생명입니다.

우리의 팀워크가 또 다른 조직의 팀워크를 살리는 일에 쓰이고 있으니 더할 나위 없이 즐거운 일입니다. 한국퍼실리테이션협동조합이라는 이름으로 지금의 임원과 회원들이 함께 일하기까지 있었던 많은 일들은 사람의 손에서 벗어난 신의 한 수 한 수가 줄지어 만들어 낸 작품이니, 저는 내세울 것이 하나도 없습니다. 저의 부족하고 연약한 부분들이 완벽하게 보이고 오히려 반짝반짝 빛이 나도록 늘 전심으로 조력해주시는 송진영 부장님, 송은희 실장님 온 마음으로 사랑합니다. 토론회 때마다 "모여 헤쳐"를 반복하며 "따로 또 같이"를 즐거이 누려주시는 한국퍼실리테이션협동조합 퍼실리테이터님들께 진심으로 감사드립니다. 아무것도 할 줄 모르는 저를 통하여 기적 같은 일들을 해내신 하나님이 이 책을 읽으시는 분들에게 보이기를 희망합니다.

대표집필자 정현진

INDEX

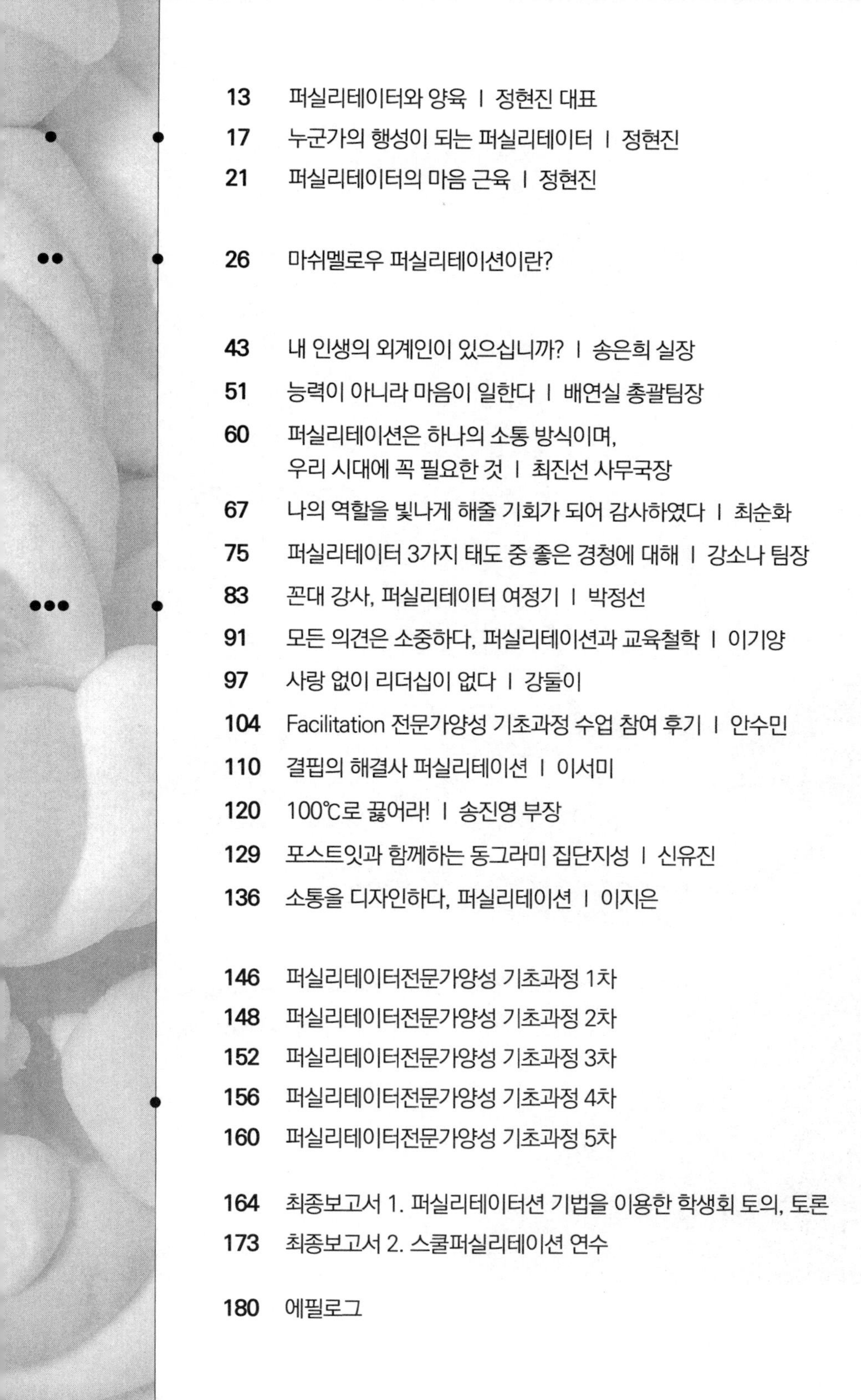

1부

퍼실리테이션

FACILITATION

FACILITATION
& NURTURE

퍼실리테이터와 양육

정현진

나에게는 고3 딸이 있다. 스스로 준비를 다 갖추어서 고등학교 2학년 직전에 인문계에서 예술계로 전학했다. 이 모든 과정에서 나는 단지 확인 전화를 받고, 실기 시험 합격 통지만 받았다는 후일담을 나누다 보면, 다들 '독한 엄마' 또는 '이상한 엄마'로 보는 듯한 눈길을 보낸다.

어릴 때부터 자기 음식은 꼭 본인이 주문하게 했고, 마트에서 장을 볼 때도 뭐든지 의견을 물어보며 수렴하고 최대한 의견을 존중했다. 학원 또한 스스로 택한 학원에 나는 카드를 가진 보호자의 역할로 단순히 동행할 뿐 결정은 딸의 몫이었다. 내 기준, 내 생각을 들이밀며 무엇이 옳은지 그른지 혹은 더 나은지를 따지지 않았고, 나쁜 것만 아니라면 뭐든지 그 선택을 존중했다. 딸의 모든 것을 존중하며 지지하려고 하는 나의 행동을 통해, 사람을 존중하고 지지하는 것이 무엇인지 스스로 깨닫기를 원했다. 그것이 양육자에게 필요한 태도가 아닐까 싶다.

퍼실리테이터의 역할 또한 양육자와 다르지 않다. 퍼실리테이터는 팀에 참여하는 한 사람 한 사람을 존중하고 그들의 의견을 전폭 지지하며 누구에게도 치우치지 않는 중립적 태도로 객관성을 잘 유지해야 한다. 이러한 퍼실리테이터의 태도는 삶을 더 자유롭고 풍성하게 만드는 도구가 된다. 사고와 마음의 확장을 끊임없이 훈련한다는 것은 많은 장애물을 극복해 나가는 극기 훈련 중 하나인 셈이다. 딸이 아직은 완전히 독립하지는 못했지만, 많은 부분에서 나와 남편을 놀라게 할 만큼 주도적이고 독창적이다.

나에게도 아킬레스건은 있다. 강자가 약한 사람을 괴롭힐 때, 나도 모르게 약한 사람 편에 서려는 마음이 강하다. 그러나 조력자는 약자의 손을 들거나 편을 드는 것이 아니라, 항상 매력적인 중재자로서 중립을 지키며 당사자들이 서로 화합하고 협력하도록 힘의 조절을 잘해야 한다. 나이, 성별, 특별한 관계 등에 상관없이 아이들은 똑같이 존중받아야 하므로, 아이들을 대할 때 애정은 가지면서 객관적인 태도를 유지하는 것은 쉽지 않다. 자녀를 통해 나 또한 계속 훈련 중이다.

참여자들의 각자 표현 방법과 에너지가 다르더라도 그들의 의견을 배분하는 퍼실리레이터의 에너지는 동등해야 한다.

퍼실리테이터는 또한 일종의 서번트(servant, 하인)일 필요가 있다. 서번트의 역할은 무조건적인 순종이나 권위에 따르는 섬김과는 완전히 다르다. 산모를 조력하는 산파와 같이, 섬기는 역할이지만 자기 주도적으로 주체성을 가져야 하며 자기중심적이지 않고 이타적으로 행동해야 한다. 참여자들을 위해서 전적으로 에너지를 몰입하여 그들을 위해서 섬기지만 그들의 주도성에 끌려가는 것이 아니라 주제에 관한 중심을 가지고 어떠한 의견조차도 소중히 생각하며 반응하고 수렴하고 응원해야 한다.

섬김에는 여러 가지가 있다. 퍼실리테이터의 섬김은 다양한 양상으로 나타난다. 섬기기 위해서는 먼저 큰 그릇이 되어야 하고 그 그

릇 안에서 참여자들이 마음껏 자기표현의 즐거움을 누릴 수 있어야 한다. 또한 참여자들을 기쁘게 맞이하고, 필요가 있다면 언제든지 참여자를 위해 움직이고, 이야기를 마친 후에도 그들의 시간을 끝까지 책임지기 위해 친절하게 배웅하는 등, 퍼실리테이터의 섬김에는 경청은 물론 여러 요소가 포함된다. 사전에 자료를 잘 알려주는 것, 토론 전에 토론 진행 과정을 자세히 설명하는 것, 함께 지킬 규칙을 미리 설명하고 서로 동의를 구하는 것 또한 섬김이다. 섬김을 받는 사람은 자존감이 높아지고 섬기는 사람은 에너지가 더 확장되므로 서로에게 유익함이 있다. 퍼실리테이터가 섬김의 태도를 유지할 때 참여자들 또한 자연스럽게 서로 섬기는 에너지 속에서 협력하고 화합하게 된다.

리더의 중요성은 퍼실리테이터가 이끄는 그룹의 분위기를 통해 잘 알 수 있다. 섬김은 섬세하고, 구체적이고, 정확하고, 개인적이다. 그러므로 짧은 시간에도 친밀감을 가지게 되고, 행복하며 긴 여운을 남긴다. 사람은 모두가 영적으로 민감함에도 불구하고 자기방어를 위해 스스로를 둔감한 상태로 내버려 두는 경향이 있다. 그러나 좋은 에너지들이 만났을 때는 서로 방어기제를 해제하고 결국 섬김의 기쁨을 함께 누리게 된다.

평등은 서로의 에너지가 비슷하고 눈높이가 맞을 때 함께 누리는 기쁨이다. 퍼실리테이터는 모든 참여자와 똑같은 구성원 중 하나라고 생각해야 한다. 그러면서 서로의 다름을 온전히 인정할 때 비로소 평등해진다. 나이, 성별, 직분 어떤 것도 우선순위가 될 수 없이 모두가 똑같이 소중한 존재임을 전제로 한다. 그래서 각자의 의견은 모두 똑같이 동등하게 존중되어야 한다. 목소리 큰 사람의 의견으로 쏠리지 않도록, 소극적인 사람의 의견이 무시당하지 않도록 한다. 사람은 모두 각자 표현 방법과 에너지가 다르더라도 그들의 의견을 배분하는 퍼실리레이터의 에너지는 동등해야 한다. 퍼실리테이터는 평등한 섬김을 위해서 참가자들의 에너지를 재빨리 파악하는 것이 중요하다. 의견 표현이 서툰 사람에게는 질문기법의 적극적인 조력으로 참여자가 스스로 의견을 말할 수 있도록 해야 하고, 의견이 너무 많은 사람에게는 적당한 개입을 통해 적절히 조율해야 한다. 퍼실리테이터의 참여자들에 대한 평등한 섬김은 참여자들이 서로를 존중하도록 하는 기본 환경이 된다.

퍼실리테이터는 참여자들에게 잘 보이려고 노력하는 것이 아니라, 처음부터 끝까지 그들의 필요를 채우기 위해 최선을 다하는 것이다. 진행 과정에서 그 진정성을 느끼게 되면, 집담에 참가한 그룹 내 사람들은 마치는 시간에 못내 아쉬워하며 연거푸 인사를 하기도 하고, 함께 '인증샷'을 찍기도 하며 진심이 담긴 감사의 표현을 잊지 않는다. 누군가 말했다. 퍼실리레이터 공부는 도를 닦는 경지에 이르는 것과 같다고.

누군가의 행성이 되는 퍼실리테이터

정현진

퍼실리테이터 혹은 퍼실리테이션 기법 강의를 할 때 중요하게 다루는 것은 토론과정이나 결과를 도출해 내는 기술이나 도구 사용법이 아니다. 퍼실리테이터의 역할을 하기 위해서 우선 강의에 참여한 사람들의 각자 혹은 서로의 지피지기 시간을 충분히 갖도록 배려한다. 요즘 퍼실리테이터 자격증 과정을 강의 중인데, 네 번째 수업이 끝난 날 상담사로 일하고 있는 수강생 중 한 분이 말씀하셨다. 그룹 상담하는 베이스와 너무 닮은 점이 많으며 우리 삶 모든 것의 기본이 되는 것 같아서 너무 좋다고 말이다.

산모와 산파를 예시로, 서로의 경험을 공유하면서 조력자의 에너지 조율이 확실히 이해되도록 하는 것은, 수강생들로 하여금 많은 변화가 야기 되도록 하는 좋은 대목이다. 주인공이 되고 싶은 욕망, 뭐든 잘 해내고자 하는 바람, 늘 최고의 것을 성취하고자 하는 인정의 욕구는 극히 평범한 것들로 누구에게나 내재되어 있다. 그러한 마음들을 왜, 어떻게, 어디에, 무엇을 위해서 (why, how, where, what for) 사용하는지에 따라 우리의 행복지수는 달라진다.

나는 당신 아버지의 권위에 순종하며 억지로 따르느라 행복하게 살지 못했던 내 아버지의 삶을 통해, 사람의 행복은 결과가 아니라는 것을 혼자 참 많이도 생각했다. 그러한 이유로 내 아이들에게는 결과가 아니라 그들이 누릴 수 있는 과정을 늘 우선시하려고 애써왔다. 부모로서, 학부모로서, 경험 많은 어른으로서, 인생 선배로서 지름길 혹은 안전한 길로 가자고 앞장서 나서지 않기 위해 늘 많은 갈등을 겪는 중이기도 하다.

나는 그리스도인이다. 개척교회에서 교회 생활을 통해 받은 상처로 내 마음을 회복하기 위해서 할 수 있는 건 다시 예배의 자리를 지키는 것, 그리고 기도 시간을 지키는 것이었다. 우리 아이들은 유아세례를 받았지만 그들의 갈등하는 종교생활을 내가 앞장서 끌고 가지 않는다. 우리 모두의 삶은 다르기 때문이다. 하나님의 임재를 인정함과 동시에 각 사람의 개별성과 고유성을 인정한다.

나 또한 여전히 딸과 함께 성장하는 중임을 늘 기억한다.

그러나 내 삶의 태도와 나아가는 방향을 곁에서 바라보며 고3인 딸은 스스로 성경을 읽고 기도하며 교회 생활도 삶의 한 부분으로 누린다. 나 또한 딸의 주변에서 곁을 지키며 그냥 바라볼 뿐이다. 딸의 주변에 엄마, 아빠, 동생, 친구들, 선생님들, 친인척들 등 많은 사람이 있으므로 골고루 조언을 구하고 받고 적절히 스스로 판단하고 결정하도록 나도 그녀 주변의 한 행성으로 존재하려 애쓴다. 물론 내 주변에도 많은 행성이 둘러싸고 있고 나 또한 그들의 에너지를 적절히 잘 조율하며 나의 영역과 방향을 지켜나가며 나 또한 여전히 딸과 함께 성장하는 중임을 늘 기억한다.

첫아이를 양육할 때 18개월까지 모유 소유를 하며, 화를 내거나 짜증을 내지 않으려 인간의 한계를 극복하며 노력했으나 말처럼 쉽지 않았다. 아이가 유치원에 들어가자 잔소리를 하는 등 간섭하기 시작했고 내가 가진 고정관념과 틀 속에 아이를 가두려고 했다. 특별하게 키우고 싶다는 부모들의 마음은 더 특별한 요구를 아이들에게 하게 되고, 그로 인해 좋은 방향의 특별함으로 가는 것만은 아님을 종종 보게 되었다.

그런 나에게 퍼실리테이터는 사회생활의 기회를 줬고, 자녀 양육의 지혜와 퍼실리테이터의 기본 태도의 연결점을 깨닫게 했다. 참여자가 의견을 이야기하도록 여유와 시간을 주는 것은 양육에서도 똑같이 중요한 부분이다. 무조건적인 간섭이나 권위적인 진행자의 태도로는 참여자로부터 좋은 의견을 끌어낼 수 없으며 그 토론자의 진심이 교류될 수 없다. 아이들이 진심을 지키고, 그들의 모습을 있는 그대로 포장하지 않고 내보이며 긍정적 방향으로 성장해 나가기 위해서는 곁에 물러서 지켜봐 주는 여유가 필요하다. 남편은 밀착형으로 아이들에게 가까이 다가가려 하고 늘 걱정이 앞서는 한국 아버지의 전형이지만, 난 모든 것을 아이들에게 믿고 맡기려 한다. 가능한 한 주변에서 지켜보는 중요한 관계들 중 한 사람이 되고자 노력하다 보니, 자립적이고 적극적인 태도 형성에 오히려 도움을 주는 쪽이다.

요즘에는 학생들 토론회를 준비 중이다. 우리가 모실 고객님은 150명 VIP 낭만 18세 고딩님들이다. 리딩 퍼실리테이터로서 내가 세팅한 테이블 퍼실리테이터들은 이미 자녀들을 다 성장시킨 단련된 학부모 퍼실리테이터들이다. 이들을 모신 이유는, 그들은 이제 멍석을 깔아주는 것이 무엇인지 제대로 알기 때문이다. 멍석을 깔아주는 사람, 멍석 위에 올라가 주인공이 되는 사람, 멍석 주변에서 관심 있게 지켜보며 격려, 응원, 지지해 주는 사람… 토론은 이러한 역할들이 이뤄내는 즐거운 이벤트이며, 이러한 이벤트의 연속이 알고 보면 우리의 삶이다.

퍼실리테이터의 마음 근육

정현진

퍼실리테이터의 기본은 좋은 경청과 매력적인 중재, 그리고 세련된 발표라고 배웠습니다.

첫 번째 덕목은 경청입니다. 10년을 토론진행자로 활동하면서 좋은 경청자의 역할을 반복하다 보니 처음 만나는 사람들이 호감을 느끼고 좋은 감정으로 다가오는 사람들이 많습니다.

두 번째는 매력적인 중재. 사람들이 각자의 입장에서 서로 주장할 때 저는 어느 편의 입장에 서지 않고 늘 중립적인 태도를 가집니다. 누구의 의견이든 그 사람의 입장에서는 맞고 상대편 입장에서는 틀리기 때문입니다. 그래서 시시비비를 따지는 일에 잘 연루되지 않습니다.

세 번째, 세련된 발표자라는 것은 말을 유창하게 잘 해내는 것이 아니라 토론회에서 입론자의 입론 내용을 그 사람의 언어로 정확히 요약하고 정리하여 모든 참여자가 한 번 더 들을 수 있도록 하는 것으로, 개인적인 생각은 덧붙이지 않습니다.

우리 모두 함께 행복하기 위해서는 내가 소중한 만큼 다른 사람의 소중함을 늘 기억해야 합니다.

회의 진행자로 많이 알려진 퍼실리테이터로 늘 낯선 사람들을 만나고 그들의 의견을 듣고 수렴하여 함께 좋은 결과물을 도출해 내는 조력자 역할을 하면서 퍼실리테이터의 마음 근육이라는 강의를 하게 됐습니다. 우리가 늘 삶에서 마음 근육을 이완시켰다가 수축시켰다가 하면서 살고 있음에 대해 예전에는 생각하지 못했습니다.

경력단절 여성에서 벗어나는 것이 뭔지도 모르게 추천으로 자연스럽게 프리랜서 일을 다니며 그 일을 잘 해내고 싶은 욕심에 스스로 터득한 비결이 마음 근육 훈련입니다. 부산에 많은 강사를 대상으로 '퍼실리테이터의 마음 근육'이라는 주제로 강의를 한 후에 마음 근육은 저의 모든 강의에 접목되는 주제입니다. 민주시민의 마음 근육, 학부모의 마음 근육, 교사의 마음 근육 등입니다.

눈 떠서 가장 먼저 만나는 작은 공동체 가정에서부터 마음 근육 조절이 얼마나 필요한지 절실히 느끼며 사는 중딩 고딩 학부모입니다. 이제 생각해보니 저의 퍼실리테이터 역할은 관계에서 제게 닥칠 어려움을 위해 감사히 준비된 인턴십이었음을 글을 쓰며 깨닫습니다.

회의에서나 조직에서나 작든 크든 집단에서 리더는 늘 제일 우두머리에서 끌고 가려는 성향이 있습니다. 퍼실리테이터는 앞서 끌고 가는 사람이 아니라 옆에서 조력하는 사람으로 사람들이 스스로 자기 문제를 해결해 나갈 수 있도록 격려하고 지지하며 응원하는 역할입니다.

저도 어른으로 학부모가 되어 무조건 자식은 부모가 이끄는 대로 따라오는 것이 최선인 줄 착각했던 시간이 있습니다. 대부분의 조직에서 리더의 생각이 최고라고 최선이라고 생각하며 자신보다 나이가 적거나 직급이 낮거나 환경이 더 열악한 사람에게 무조건 지시로 끌고 가는 경향이 일반적입니다. 그 속에는 물론 사랑하기 때문에, 좋은 결과물을 위해서, 도와주려고 등등 많은 이유가 있으나 결과적으로 함께 행복한 방향으로 나아가지 못합니다. 우리 모두 함께 행복하기 위해서는 내가 소중한 만큼 다른 사람의 소중함을 늘 기억해야 합니다. 나이에 상관없이, 직급에 상관없이, 환경에 상관없이 모두의 의견은 똑같이 동등하게 소중합니다.

사람을 대할 때 평가하는 기준이 무엇입니까. 마음을 더 이상 확장 시키고 싶지 않을 때는 언제입니까. 마음의 주인은 우리 자신입니다. 그 마음의 근육을 주장할 권한도 우리에게 있습니다.

퍼실리테이터는 회의장에서 사람을 담는 그릇이라고 저는 표현합니다. 참여한 사람들의 의견을 하나 빠짐없이 잘 담아서 좋은 결과물을 도출해 내는 좋은 그릇입니다. 우리는 다른 사람을 담고 싶지 않은 많은 이유를 가집니다.

우리의 마음 근육을 더 쓰고 싶지 않아서가 아닌지 한번 생각해 봅시다. 마음도 근육처럼 계속 훈련하면 보기도 좋아지고 건강해져서 스스로 행복합니다. 우리는 서로에 대해 더 착해질 수 없는 똑같은 존재입니다. 마음 근육 훈련은 착해지는 것이 아닙니다. 소중함이 같은 인격체로서 서로를 존중하는 것입니다. 우리 모두 함께 행복하기 위해서는 내가 소중한 만큼 다른 사람의 소중함을 늘 기억해야 합니다.

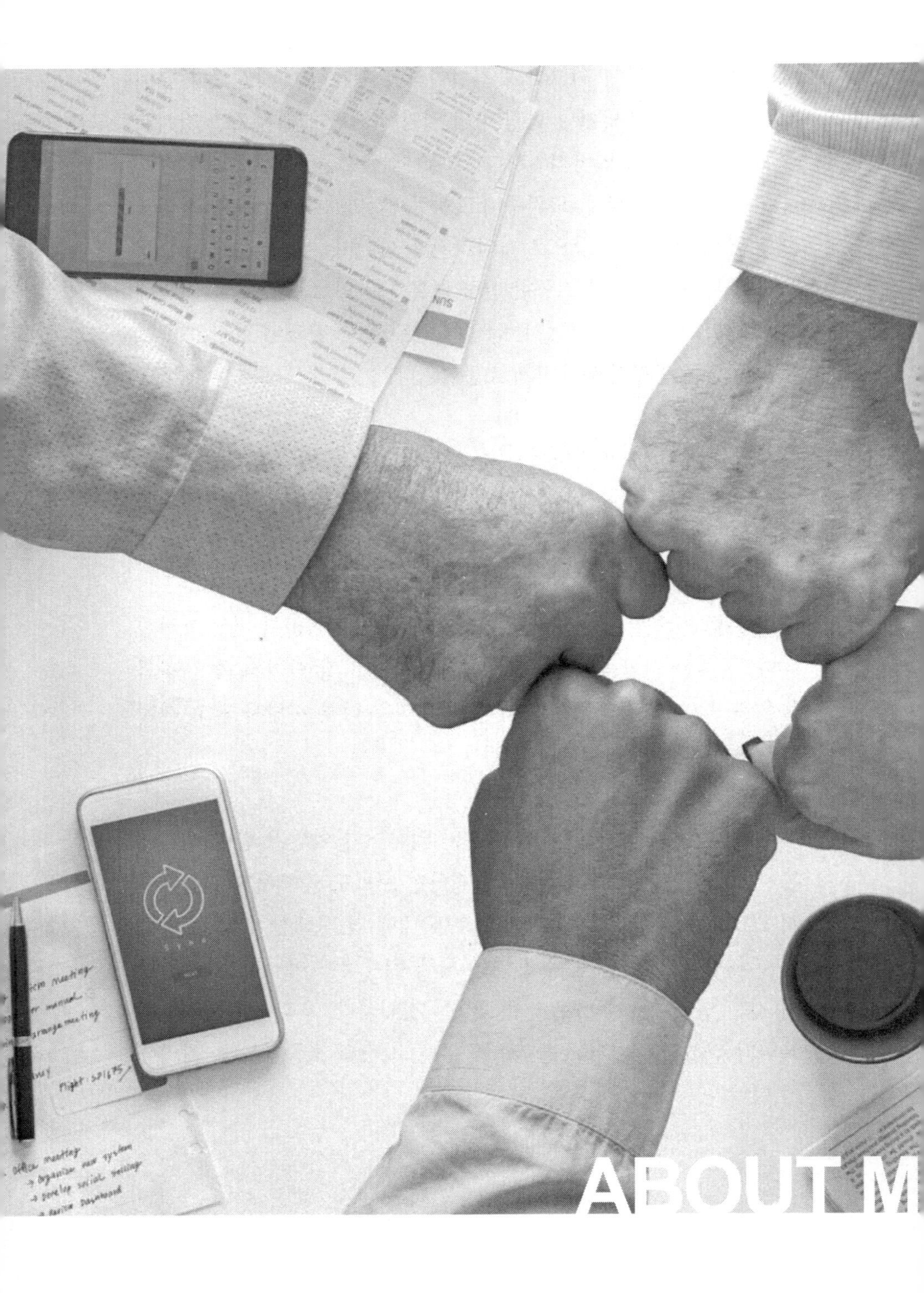
ABOUT M

2부

마쉬멜로우 퍼실리테이션이란?

SHMALLOW FACILITATION

옳음보다 친절을 선택한

마쉬멜로우 퍼실리테이션

마쉬멜로우 퍼실리테이션은 옳음이 아닌 친절을 선택하는 한국퍼실리테이션협동조합 퍼실리테이터의 철학입니다. 이 책에서는 마쉬멜로우 퍼실리테이션에 대해 자세히 소개하고 필요성과 정의, 철학과 핵심역량, 기법과 도구 등을 다루며, 퍼실리테이터로 어떻게 살아갈 것 인가를 함께 생각하며, 퍼실리테이션의 다양한 활용을 통해 나타난 효과와 실습을 통한 실전사례를 공유합니다.

퍼실리테이터로 활동하실 분들께 좋은 자료가 되길 바랍니다.

마쉬멜로우 퍼실리테이션 소개

- 퍼실리테이션

'퍼실리테이션'이란 참여자들이 효율적으로 의사소통을 할 수 있도록 돕고, 의사결정에 이르도록 촉진하는 활동입니다.

'마쉬멜로우 퍼실리테이션'은 옳음보다 친절을 선택한 퍼실리테이터의 철학입니다. 옳음이 아닌 친절을 바탕으로 존중과 협력이 되어지도록 유연하고 매력적으로 조력합니다.

퍼실리테이션의 필요성과 정의

퍼실리테이션은 그룹 내의 의사소통과 협력을 원활하게 돕는 활동입니다.

퍼실리테이터는 퍼실리테이션기법을 통해 회의나 워크샵에서 참여자들의 의견을 모으고, 아이디어를 발전시키며, 의사결정과 공동 목표 달성을 도와줍니다.

"퍼실리테이터란?"

- 개인이나 집단의 문제해결능력을 키워주고 조절한다.
- 조직의 문제와 비전에 대한 해결책을 스스로 개발하도록 자극하고 돕는다.
- 교육훈련프로그램의 실행과정에서 중재 및 조정 역할을 담당하는 사람이다.
- 집단이 효과적으로 기능하며 양질의 의사결정을 해낼 수 있도록 구조와 절차를 형성하는 과정에서 참여자들이 최상의 성과를 내도록 지원하는 것이다. -Ingrid Bens
- 논의 과정에서 특별한 입장에 서지 않고, 사람들이 공동의 목적을 이해하고 그것을 달성할 수 있는 계획을 세울 수 있도록 돕는 것이다. -Wikipedia

<준비단계>

- 목적과 내용에 맞는 지식과 정보의 습득
- 상황에 맞는 도구와 장소에 맞는 자리배치
- 참여자와 라포를 형성하여 기대감을 갖고 결과물 도출에 힘쓰게 함

<조력단계>

- 초점 맞추기 : 주제에서 벗어나지 않도록 조력
- 참여 유도 : 모든 참여자가 참여할 수 있도록 조력
- 계획적 진행: 주어진 시간 안에 결정이 될 수 있도록 조력
- 결과 도출: 원만하고 효과적인 결과를 도출할 수 있도록 조력

"퍼실리테이터란?"

효율적인 의사소통과 의사결정을 촉진하는 조력자입니다.

마쉬멜로우

퍼실리테이션이란?

마쉬멜로우 퍼실리테이션은 상호 존중, 개방적인 대화, 공동 목표 달성을 중요시하며, 옳음이 아닌 친절을 선택하여 참여자들은 물론 퍼실리테이터의 성장을 이끌어냅니다.

이 과정에서 퍼실리테이터는 참여자들의 안전한 환경이 되어, 참여자들이 효과적인 결과를 얻을 수 있도록 조력합니다. 또한 참여자들의 개인적인 가치와 관심사를 고려하여 모든 의견이 동등하게 존중받을 수 있도록 유연한 분위기를 조성합니다.

왜 옳음보다 친절을 선택하는가?

옳음은 다른 사람의 의견을 부드럽게 표현하는 방법입니다.

그러나 옳음은 의견 충돌이나 불만을 억제하기 때문에 현실적인 발전을 막을 수 있습니다. 친절한 퍼실리테이션은 개인의 의견을 존중하면서도 개선과 성장을 이끌어냅니다. 그러기 위해서 퍼실리테이터는 참여자들에게 즐겁고 안전한 환경이 되어야 합니다.

'안전한 환경'이란?

참여자들의 공간적, 심적 어색함을 없애고, 마음을 열어 활동에 적극적으로 참여할 수 있도록 주제로의 접근과 동기부여, 그리고 참여자의 발언이 비난받지 않고 존중될 수 있는 환경입니다.

참여자들의 안전한 환경이 되기 위해 퍼실리테이터는 준비단계부터 마무리단계까지 유연성을 가지고, 옳음대신 친절함을 선택하는 마쉬멜로우퍼실리테이터로 참여자들을 만나야합니다.

그래서 보드랍고 포근한 마쉬멜로우처럼 편안한 환경에서 어떤 의사도 그 모양그대로 존중받으며 받아들여지고 흡수될 것이라는 믿음과 확신으로 자유롭게 제안하고 발표하며 다양하고 활발한 참여가 이뤄질 수 있도록 합니다.

퍼실리테이터의 철학

참여자의 의견을 퍼실리테이션 기법을 통해서 공유하고, 참여자들이 협력하도록 조력합니다. 중립성과 객관성을 유지하며, 참여자들 간의 개인적인 갈등을 해결합니다.

<퍼실리테이터의 철학>

- 한 사람보다 집단이 더 바람직한 결론을 도출할 수 있다.
- 사람은 기본적으로 현명하며 올바른 일을 할 수 있고, 또 그렇게 하고 싶어한다.
- 모든 사람의 의견은 직급과 연령에 관계없이 똑같이 중요하다.
- 사람은 자신이 참여한 아이디어나 계획에 대해서는 더욱 헌신적으로 임한다.
- 적절한 도구와 훈련이 주어진다면 집단은 갈등을 스스로 해결하고 성숙한 행동을 하며 좋은 관계를 유지해 나갈 수 있다.
- 프로세스가 잘 설계되고 계획대로 적용된다면 바라는 결과를 얻을 수 있다.

퍼실리테이터의 핵심 역량

핵심 역량으로는 리더십, 대인관계, 문제 해결, 의사소통 등이 필요하며, 적극적인 태도와 존중, 이해심과 유연성이 요구됩니다.

<퍼실리테이터는 OOO이다.>

- 좋은 경청자 : 듣고 싶은데로 듣는 것이 아니라 참여자의 언어로 있는 그대로 듣기
- 열린 질문자 : 참여자의 내면에 있는 생각과 느낌을 꺼낼 수 있도록 마중물이 될 만한 열린 질문하기
- 마음의 공감자 : 참여자를 관찰하고, 좋은 경청을 통한 정보로 공감하기(오버액션은 하지 않는다. 오히려 경청과 발언에 방해가 된다.)
- 매력적 중재자 : 누구의 편도 들지 않고, 문제해결 및 갈등을 조정하기
- 전체적인 통찰자 : 토론이 다른 방향으로 흘러가지 않도록 집중하며 진행하기
- 동기부여자 : 토론회의 목적을 잘 알고, 편안한 분위기에서 자발적으로 협의 할 수 있도록 하기.

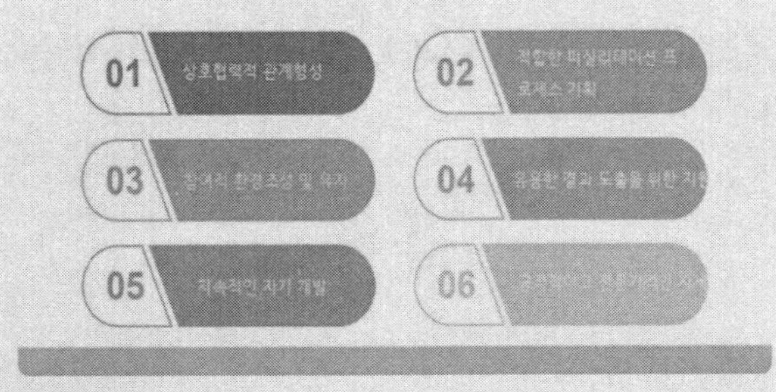

퍼실리테이터의 역할

퍼실리테이터는 회의의 방향과 진행을 안내하며, 참여자들을 독려하고 효과적인 의사소통을 조성합니다.

<퍼실리테이터 역할>

- 적극적 환대와 분위기 조성
- 회의의 촛점을 잘 맞춰 벗어나지 않도록 유지한다.
- 적절한 참여를 유도한다.
- 적절한 이슈가 토론되도록 계획적으로 진행한다.
- 토론과정을 관리한다.
- 진행자이자 가이드이며 조력자의 역할을 한다.

<퍼실리테이터의 역량>

- 질문 - 개방형질문을 해야하고, 정서에 대한 부분을 생각하며 중립의 질문을 해야한다.
- 독려 - 참여하는 사람들의 에너지가 유지될 수 있도록 격려하고 활기찬 분위기를 조성한다.
- 성찰 - 논의되고 있는 내용이 효과적으로 잘 정리되고 있는지, 모든 의견이 존중되는지 잘 파악한다.

회의를 시작하기 위한 출발점으로 다양한 답변을 하도록 이끌면서 집단 구성원의 관심을 특정한 주제에 맞추는 질문을 하거나, 모든 의견이 소중함으로 동등하게 편견없이 유연하게 수렴하는 자세를 보이며 조력한다.

<다양한 질문기법 5가지>

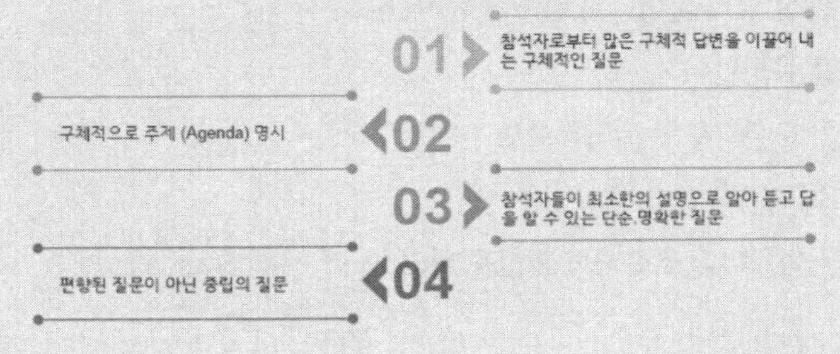

이를 위해 리더십, 갈등 관리, 관찰력, 문제 해결, 목표 설정 등의 기술이 필요합니다.

퍼실리테이터의 태도

신뢰, 진정성, 중립성, 공정성, 유연성의 기본 바탕위에 중요한 3가지 태도는 다음과 같습니다.

- 적극적 환대
- 유연함
- 정확한 전달자

1)적극적 환대

이해 당사자들의 주장을 있는 그대로 듣고 상대가 하고 싶은 말을 할 수 있도록 좋은 환경을 조성한다.

- 잘 듣고 그 과정을 통해 말하는 당사자들이 제대로 말하도록 돕는다.
- 관심을 보이고 반응하고 명확하지 않은 내용이 있으면 질문한다.
- 질문은 경청의 수단임으로 질문하는 능력이 현명한 결정을 하는데 도움을 준다
- 감정을 파악하고 공감 메시지를 전하며 최대한 긍정적으로 수용한다.
- 말하고자하는 것이 무엇인지 그 의미를 정확하게 파악하고 지원한다.

2) 유연함

- 틀리지 않고 모두 다를 뿐이다.
- 감정적이지 않고 한쪽에 치우치지 않아야 한다.
- 발표자의 감정을 잘 조절 할 수 있도록 이끈다.
- 스스로 올가미를 만들지 말자.
- 참여자의 분명한 자기 의사표현을 돕는다.

3) 정확한 전달자

- 또다른 경청
- 주제에 맞게 편안하게 발표한다.
- 자신이 하고 싶은 말을 하는 것이 아니라, 듣는 사람의 입장에서 얘기한다.
- 포인트만 정확하게 발표한다.
- 참여자가 발표한 언어로 요점정리해서 전달한다.
- 퍼실리테이터의 역량 개발의 필요덕목이다.

퍼실리테이션 프로세서

1)마음열기

- 인원, 연령, 성별, 시간, 주제 등을 고려하여 방법을 선정한다.
- 다양한 도구를 활용하여 자기소개의 시간을 갖는다.
- 참여자들의 어색함을 없애주고, 마음을 열어 다음활동에 적극적으로 참여할 수 있도록하는 준비과정이다.
- 예를 들어 카드집기, 네임텐트, 진진가, 별명릴레이, 예시찾기 등이 있다.

2)입론

- 모든 토론참가자가 자기주장을 하는 시간이다.
- 1인당 발언시간은 제한되며 시간엄수 필요하다.
- 결론>근거/효과 순으로 말하며 구체적, 개별적 의견을 주장한다.

3)상호토론

- 보충입론, 질의&응답, 주장과 반박을 자유롭게 진행한다.
- 발언할 때 시간제한은 없으나, 총 발언시간은 제한한다.
- 퍼실리테이터의 진행을 지지하고 따라줄 것을 제안한다.
- 상호비방을 지양하고 발언자에게 집중, 경청하는 태도가 필요하다.

4)우선순위

- 수집된 의견의 시급성, 중요성, 공통성 등에 따라 우선순위를 정한다.

5)전체공유

- 각 테이블의 입론내용을 참가자 전원에게 공유하고 주요쟁점에 대해 전체토론을 진행한다.
- 발언권이 필요한 참여자는 손을 들어 발표한다.
- 발언기회 제공시, 시간관계상 발언이 제한 될 수 있음을 알린다.
- 발언자에게 집중, 경청하는 태도를 갖으며 발언시 이동을 삼가한다.

6)우선순위

- 상황과 내용에 따라 전체공유된 내용을 가지고 우선순위를 정할 수 있다.

마쉬멜로우
퍼실리테이션 기법

마쉬멜로우 퍼실리테이션에는 다양한 기법이 활용됩니다. 다양한 질문, 마인드맵 발산법, 사발통문, 랜덤워드, 갤러리워, 해커톤, 브레인스토밍, 브레인라이팅, 도구활용 팀빌딩 등이 있으며, 이러한 기법은 참여자들의 창의성을 자극하고, 내면에 있는 생각들을 표현하게 함으로써 문제해결의 좋은 도구가 됩니다.

다양한 질문기법

-모든 의견이 소중함으로 동등하게 편견없이 수렴하는 자세가 필요하다.

-나의 경험과 관련된 질문/사실적 이해를 돕는 질문/추리적 상상력이 열린 질문/창의적인 질문/ 비판적 사고력을 키우는 질문

<마인드맵 발산법> : 지도를 그리듯이 자신의 생각을 자유롭게 표시

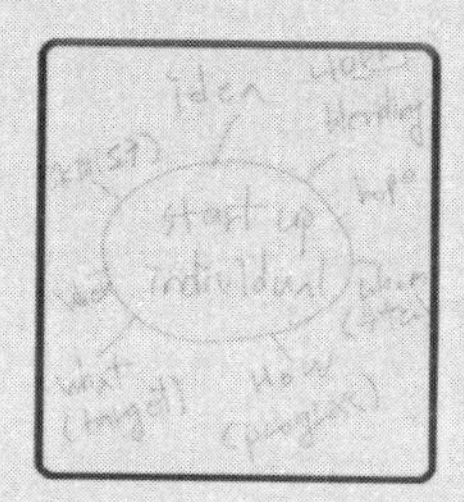

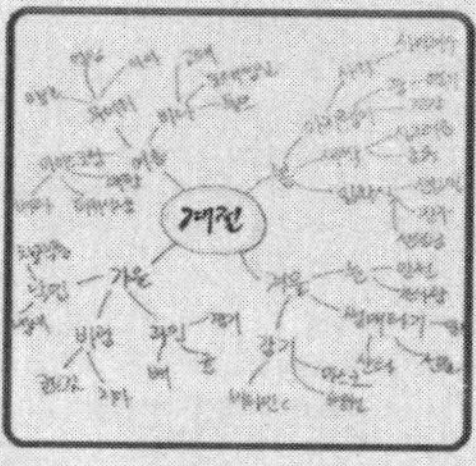

<사발통문> : 하나의 주제에 대해 돌아가면서 의견을 적는 방법

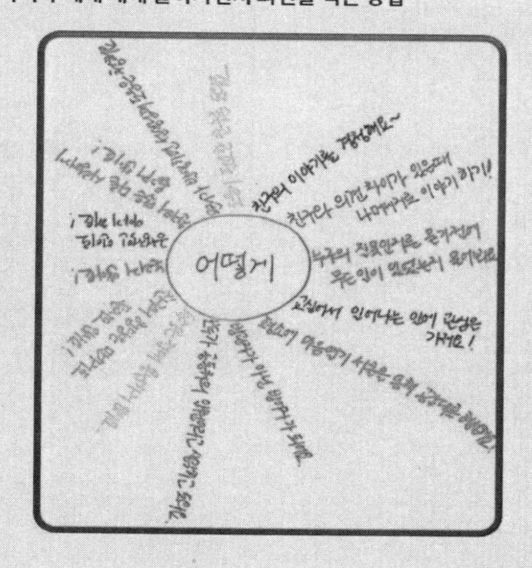

랜덤워드

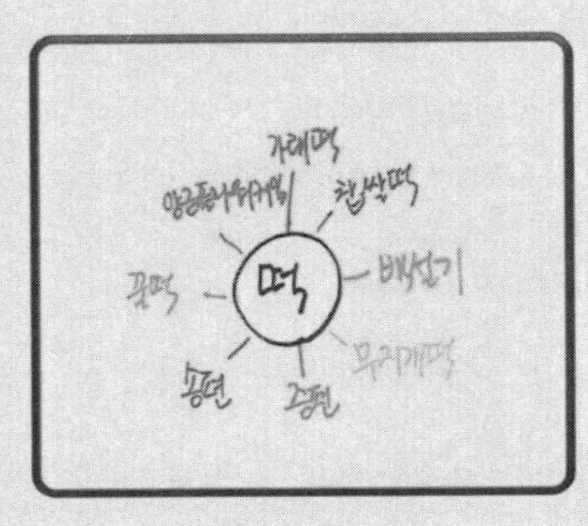
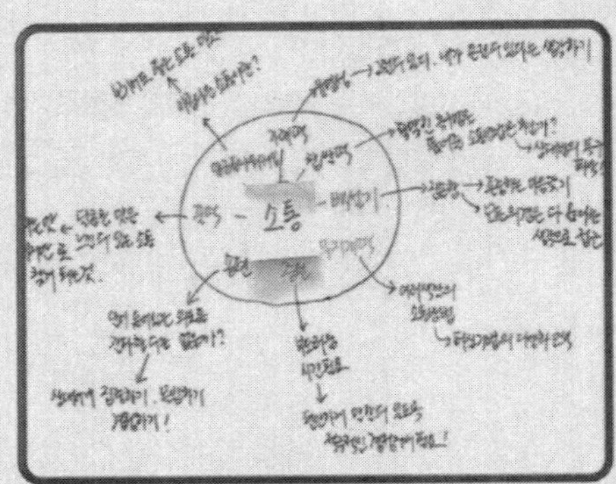

갤러리 워크

미술관을 관람하듯이 다른 모둠의 활동을 공유하는 방법

1. 모둠 활동을 설명할 1명 선정
2. 나머지 사람들은 다른 모둠으로 이동
3. 다른 모둠 활동 내용 공유

마쉬멜로우 퍼실리테이션 다양한 활용

마쉬멜로우 퍼실리테이션은 참여자들 간의 협업을 강화하고 효율적인 의사결정과 문제 해결을 이끄는데 도움을 줍니다. 이는 신뢰의 증진, 참여자들의 창의성 개발, 진정한 협력 관계 형성에 이르는 긍정적인 영향을 미칩니다.

1) 공공부분

- 각종회의, 워크숍
- 타부처와의 협의, 위원회
- 시민과의 대화
- 갈등 및 조정분쟁

2) 사회부분

- 주민자치회의
- 주민갈등해결
- 가족회의
- 종교단체회의

3) 기업부분

- 각종회의, 워크숍
- 전략수립
- 문제해결
- 집단의사결정
- 고객과의 미팅
- 팀 빌딩
- 노사갈등조정
- M&A

4) 학교부분

- 계획수립
- 실행 과정
- 문제 해결

5) 개인부분

- 강의 활용
- 학생회 활동
- 팀 프로젝트 활용
- 학생 동아리 활동

퍼실리테이션 실습(실전사례1)

마쉬멜로우 퍼실리테이션은 참여자들 간의 협업을 강화하고 효율적인 의사결정과 문제 해결을 이끄는데 도움을 줍니다. 이는 신뢰의 증진, 참여자들의 창의성 개발, 진정한 협력 관계 형성에 이르는 긍정적인 영향을 미칩니다. 이론뿐만 아니라 실전에서 더욱 효과적입니다. 실습을 통해 실제 상황에서의 퍼실리테이션 기술을 습득하고, 효과적인 의사결정과 팀워크를 구현하는 경험을 쌓을 수 있으며, 실제처럼 바로 사용할 수 있도록 내용을 구성했으니 참고하셔서 좋은 연습이 되시길 바랍니다.

토론회 보고서(실전사례2)

본 보고서는 실제 한국퍼실리테이션 협동조합 퍼실리테이터들이 토론회에 참여하여 참여자들의 활동을 기록하여 제출한 보고서 양식을 기반한 것입니다.

Metrics
Follow up
POST

3부

퍼실리테이션이란?

ABOUT FACILITATION

ABOUT FACILITATION

내 인생의 외계인이 있으십니까?

송은희

– 한국퍼실리테이션협동조합 실장

"안녕하십니까? 한국퍼실리테이션협동조합 전문퍼실리테이터 송은희입니다." 참여자들을 만날 때면 제일 먼저 드리는 인사말로 시작합니다. 토론회에 참여하기 전 주제에 대해 의논하고 준비하는 ZOOM 회의에서도 계속 되뇌는 한국퍼실리테이션협동조합 퍼실리테이터들의 마법주문입니다. 낯선 환경에 다양한 주제로 모인 참여자들의 상황과 마음을 잘 이해하고, 조력하려는 마음의 시동같은 거죠. 지금도 이 책을 읽고 계신 여러분은 어떤 점이 궁금하고, 무슨 조력이 필요하실까를 생각하며 이야기를 써 내려가려 합니다.

여러분은 언제 처음 퍼실리테이션을 접하셨나요?

저는 마을교사양성과정 중 교수역량 시간이었습니다. 낯선 환경에 다양한 사람들이 교육받기 위해 모였는데, 강사는 우리의 마음과 생각을 꺼내서 적게 했습니다. 닫고 있던 마음과 생각을 열어 하나씩 표현을 하고 다른 사람들의 표현을 보면서 또 다른 생각을 낳았고, 그렇게 나무다 보니 폭풍처럼 생각과 감정이 쏟아져나오는 경이로운 경험을 했습니다. 네, 여러분의 생각이 맞습니다. '브레인스토밍'을 활용한 퍼실리테이션을 통해 참여자들의 표정에서 만족감과 감동을 고스란히 전해 받았습니다. 그날 이후 퍼실리테이션을 배울 수 있는 곳을 찾다가 학부모지원센터에서 학부모 대상으로 준비한

‘학부모퍼실리테이터양성과정’에 참여하게 되었습니다.

그곳에서 바로 정현진 교수님표 마쉬멜로우퍼실리테이션을 만나게 된 것입니다. 모두가 자기 삶의 퍼실리테이터로 살아가며, 모두를 조력하는 것 소통이 필요한 곳에 소통을, 위로가 필요한 곳에 위로를, 분열이 있는 곳에 일치를 주는 뜻깊은 활동이라고 생각하며 자부심을 품고 지금까지도 활동하고 있습니다.

“여러분은 내 인생의 외계인이 있습니까?” 그 강의에서 인상 깊었던 이 질문이 저를 이 자리에 있게 했습니다. 몇 번을 설명해도 통하지 않고, 손짓과 발짓을 다 하고 온 마음을 다해도 외계에서 왔나 싶어질 정도로 의사소통이 되지 않는 ‘내 인생의 외계인’이 여러분도 있으신가요?

저는 저와 다른 성향의 마을분 때문에 힘들었던 시기라 ‘내 인생의 외계인’이란 단어가 와닿았습니다. 퍼실리테이터가 되면 그분과의 대화도 가능하겠구나라는 생각을 했는데, 저뿐만 아니라 다른 분들도 참 다양한 외계인과 함께 살고 있다는 걸 알았습니다. 한 이불을 덮고 사는 외계인, ‘시’자 달린 외계인, 사춘기 아들, 딸 외계인, 친정 아빠 외계인들 말이죠. 여러분도 분명히 주변에 외계인이 살고 계시겠지요?

외계인과 소통하는데 효과적인 방법이 바로 퍼실리테이션입니다.

학부모퍼실리테이터 양성과정을 통해 우리 가족에게 ‘나도 외계인’이란 것도 알게 되었습니다. 그동안 다툼없이 평화로운 대화를 나누며 살았기에 문제가 없다고 생각한 우리 가족의 대화가 상호소통이 아니라 불통이었다는 사실을 깨닫게 된 것입니다. 사실 겉으로 보기에 우리 가족은 사이가 좋고 서로를 위하는 모습이었지만, 가족

구성원으로 느낀 점은 나뿐만 아니라 우리 가족 모두가 각자의 방식대로 이해하고 소통하고 있다는 것이었습니다. 그래서 그날 저는 배운 대로 제일 가까운 가족들에게 실습을 했습니다.

'휴일에 하고 싶은 것'을 적고 얘기를 나눠보자 했더니 '여행', 'tv 시청', '목욕', '이야기','아무것도 안 하고 싶어,'가 나왔습니다. '아무것도 안 하고 싶어'라는 사춘기 우리 딸의 굳은 의지였습니다. 평소라면 뭐든지 가족과 함께하고 싶어 했던 남편은 서운했지만 표현하지 못하고, 늘 아이들의 생각을 존중하는 저는 '그렇구나'하는 생각으로 넘어갔겠지만, 실습이니까 가족들의 이야기를 있는 그대로 들어보자는 생각에 구체적인 질문을 했습니다. '왜 여행이 가고 싶은지, 어디로 가고 싶은지?', 'TV 시청을 얼마나 하고 싶고, 어떤 자세로 하고 싶은지?', '목욕은 어떤 방식으로 하고 싶은지?', '누구와 이야기를 하고 싶고, 어디서 하고 싶은지?' 등 관심을 가지고 친절하게 묻고 들으며 (온전히 듣기) 내가 잘 들었는지 확인하기 위해 각자의 언어 그대로 되돌려줬습니다. 그렇게 이야기를 나눈 우리 가족은 '가족과 함께 날짜를 정해 하나씩 다 해 보기'로 마무리가 되며 모두가 웃고 있었습니다. 각자 자기 의견을 존중받으면서, 다른 사람의 의견도 존중하는 마음이 생기고 결국 모두의 마음이 일치를 이루는 순간을 함께 보냈습니다. 모든 사람에겐 마음의 힘이 있으며, 퍼실리테이터는 퍼실리테이션을 통해 그 힘을 꺼낼 수 있도록 조력하고, 통합해서 결실을 만들 수 있도록 조력합니다.

퍼실리테이터란, 퍼실리테이션기법을 사용하여 참여자들이 안전한 환경에서 자기 생각을 이야기하고, 다른 참여자의 생각을 존중하며 원하는 결과를 얻을 수 있도록 조력하는 촉진자

안전한 환경이란?

누구의 의견도 틀리지 않고 단지 다를 뿐이며, 모든 의견이 존중받고, 누구나 발언권이 있으며, 참여자 모두가 존중받으며 비난받지 않고 안전하게 참여할 수 있는 환경입니다. 이때 퍼실리테이터는 좋은 경청자로, 매력적인 중재자로, 세련된 발표자로 참여자들에게 안전한 환경을 마련합니다.

우리가 대화할 때 종종 하는 실수는 '내 잣대(필터)로 판단하며 듣는 것입니다. 특히 가까운 사이의 경우 이런 실수는 빈번히 발생하곤 합니다. 나는 'A'라고 말을 했는데, 상대방은 'a'라고 이해할 수 있습니다. 작은 차이가 있지만 미묘한 차이는 표가 나질 않지요. 그리고 그 차이를 우리는 '이해'라는 단어로 넘어가곤 합니다. 그러다가 이 차이가 심해지면 사이는 차이만큼 멀어지고 대화는 단절됩니다. 가까운 사이일 경우 더 그런 것 같습니다. 그렇다면 우리는 어떻게 들어야 할까요? 퍼실리테이터는 자기 생각과 필터를 섞지 않고 참여자의 언어로 듣고, 기록합니다.

1. 참여자의 언어 그대로 들으며 기록하기

참여자가 아이던 어른이건, 교육 수준이 높건 낮건 간에 참여자의 언어 그대로를 기록하며 듣는 것입니다. 퍼실리테이터가 더 좋은 단어를 안다고 하더라도 단어를 바꾸는 순간 참여자가 전달하고 싶은 의미가 달라질 수 있음을 말씀드립니다.

특히, 자녀와의 대화에서 우리는 이런 실수를 통해 아이를 울리고 맙니다. "내 말은 그런 말이 아니라고…. (엉~엉)" 한 번쯤은 들어 보셨을 겁니다. 이럴 때, 아이의 말을 들리는 대로 따라만 해줘도 아이는 공감과 위로를 받으며 지지받는 느낌을 갖습니다.

아이뿐만이 아닙니다. 토론회 참여자의 경우 낯선 환경에서 낯선 사람들과 함께하는 상황이 어느 누가 편하겠습니까? 이럴 때 참여자의 언어로 참여자의 말을 되돌려주면, 자기 말을 온전히 집중해서 듣고 있는 퍼실리테이터와 참여자들에게 지지와 응원을 받는 느낌일 것입니다. 그런 마음이 적극적인 참여로 이루어질 수 있습니다. 또한 자기의 말이 자기 의사와 다르게 표현된 것을 알 수 있으므로 수정하거나, 마음과 언어를 일치하는 다른 표현을 찾기도 합니다.

학부모퍼실리테이터양성과정 수료자에겐 학부모토론회에 테이블 퍼실리테이터로 참여할 기회가 주어집니다. 학부모토론회는 교육청에서 학부모의 의견을 수렴하여 정책에 반영하기 위함으로 유치원부터 고등학교 학부모까지 같은 테이블에 앉아 교육정책에 관해 의견을 나누는 활동입니다. 아이의 나이만큼이나 다양한 학부모님들이 참여하는 자리에서 퍼실리테이터로서 누구의 의견에도 경중을 두지 않고, 공평한 시간으로 끝까지 참여자의 언어로 듣고, 들은 내용이 맞는지 확인하는 과정을 거치니 한분 한분 자기 생각을 편안하게 꺼내기 시작하셨습니다. 퍼실리테이터는 누구나 소외되지 않고 모두의 참여를 독려하며, 참여자 모두가 자기 생각을 이야기할 수 있는 안전한 환경을 만들어 효과적인 의사소통을 촉진합니다.

좋은 경청이란?
참여자의 말을 있는 그대로 들어주고 상대가 하고 싶은 말을 할 수 있도록 돕는 태도

가끔은 본인의 생각도 정리가 안 돼서 표현이 서툴 때가 있습니다. 하고 싶은 말은 'A'이지만, 'a'로 표현하거나 'aa'로 표현할 때도 있습니다. 또 생각은 많지만 표현하지 못하는 참여자들도 많이 만

나게 됩니다. 함께 생각을 정리하고 틀린 게 아니라 다르다는 걸 인정하면서 생각을 나누다 보면 생각 꺼내기가 재미있고, 생각 정리의 기술을 깨닫고, 결론 도출까지 일사천리로 진행되며 성취감을 느끼기도 합니다. 그날 토론회에 참여하신 교육청 관계자분과 학부모님들이 자신의 의견이 존중받는 느낌을 받아 말할 맛이 났다고 하시던 말씀이 기억이 납니다. 첫 토론회라 제가 많이 부족했을텐데 소중한 결론을 맺도록 함께 애써주신 참여자분들을 아직도 잊을 수가 없습니다.

물론 퍼실리테이션을 알고 계신 분들이면 늘 테이블에서 일어나는 기적이라는 것을 아실테지만, 모두의 생각이 동등하고 필터 없이 있는 그대로 듣고 대화하는 것이 큰 차이를 만들어 낸다는 것을 한번 더 생각하게 한 토론회였습니다.

모든 의견은 소중하며 존중되어야 한다. 다름은 틀림이 아니다.

특히나 자기주장을 확실히 전달해야 하는 토론회장에서는 모든 의견은 소중하며 존중되어야 한다. 다름은 틀림이 아니라는 사실을 명심해서 나와는 다른 의견도 존중할 수 있도록 해야 합니다. 특히나 우리는 서로 다른 생각을 갖고 있는 경우 불편함을 느끼게 되는데, 다른 생각(차이)은 훌륭한 토론 재료가 됨을 명심하고 환영하는 마음을 가지면 훌륭한 결과를 만나게 될 것입니다.

고등학생대표토론회도 참여자들이 어떤 생각까지 이야기해야 하는지, 이런 얘기를 해도 되냐고 하면서 신나게 쏟아내던 입론시간을 잊을 수가 없습니다. 어떤 의견도 존중받는 순간 다양한 생각들이 빛을 발하게 됩니다. 그리고 그 훌륭한 재료들로 좋은 결과를 도출하게 됩니다. 토론회를 통해 도출된 학생대표의 의견들은 교육청에서 교육정책에 반영하여 학교 현장에서 실현되고, 지금도 꾸준히 토론회는 계속되고 있습니다.

퍼실리테이터는 참여자들이 간직한 소중한 원석을 꺼내서 빛을 낼 수 있도록 조력하는 역할을 합니다. 그 빛은 참여자 자신을 밝히고, 주변을 밝히며, 세상을 변화시킵니다.

학생들의 의견을 반영한 정책은 학생의회에서도 시작됩니다. 매년 학생의회에 퍼실리테이터로 참여하면서 열정적인 학생의원님들을 만납니다. 어떤 정책이 학생들의 교육과 생활에 도움을 줄 수 있을지 열심히 고민한 내용들을 쏟아내시는 걸 함께 공유하고 존중하며, 그중 분과를 대표할 몇 가지 정책을 제안하는 과정을 거치는데 이때도 퍼실리테이션이 필요한 순간입니다. 퍼실리테이터(어른)들이 학생의원님들께 존칭을 쓰며 한분 한분의 의견을 소중히 기록하고 참여자의 언어로 발표하도록 제안하며, 조력하는 모습을 보이니 모든 의원님께서도 서로를 존중하며 평화로운 소통의 장이 되었고 좋은 정책도 채택되었습니다.

가장 최근에는 교육청 학생의회 의원님들과 학생의회 세계시민 리더쉽캠프를 다녀왔는데, 1박 2일 동안 함께하면서 대한민국 3권 분립의 중심을 견학하고, 배울 소중한 기회였습니다. 또한 생활 속의 퍼실리테이터가 되어 일상 속에서 존중하는 마음을 함께 나눌 수 있었던 소중한 경험이 되었습니다. 내년에도 의원이 돼서 꼭 다시 만나고 싶다는 의원님들을 잊을 수가 없습니다.

가족은 물론이고, 친구 간에, 마을 일을 할 때도, 토론회에 참여할 때도 모두의 의견을 있는 그대로 들으며 되돌려주는 방식을 통해 스스로가 해법을 찾고 개선해 나가며, 스스로 자기 생각에 감동하고 추진할 결심을 하는 모습을 보고 퍼실리테이터가 되길 참 잘했다는 마음을 갖게 되었습니다. 물론 제 주변에 계시던 외계인과도 잘 소통하며 살고 있습니다. 지금처럼 참 다양한 생각을 표출하며 사는 우리는 각자의 행성에서 사는 외계인입니다. 서로의 생각과 의견을 존중하며 평화로운 우주시대를 만들어가길 바랍니다.

나 스스로는 물론이고 누구에게나 도움이 되는, 조력할 수 있는 퍼실리테이터로 성장시켜주신 정현진 교수님께 감사를 드립니다. 교수님은 퍼실리테이터들에게 안전한 환경입니다.

능력이 아니라 마음이 일한다

배연실 총괄팀장

글을 쓰는 재주가 없는 사람으로 참여하게 되어 동료들에게 미안한 마음이 크지만, 한국퍼실리테이터협동조합의 대표이신 정현진 교수님의 어록으로 한 두 마디 써 볼까 합니다. 교수님 메시지는 생활하면서 더욱 깊게 느껴집니다. 그래서 맨날 혼자 중얼거립니다. '아~이거구나….'

1. 존대, 존중, 인격적으로 대하면 나 자신이 더 크고 깊어진다.

존대란, 상대방을 존중하고 배려하는 태도로 존댓말을 사용하여 예의를 표하고 존중의 의미를 전달합니다. 상대방의 감정, 생각, 행동을 존중하며, 인격적으로 대하는 것은 좋은 대인관계를 형성하는 데도 도움이 됩니다. 그들의 권리와 자유를 존중하는 것을 포함합니다. 인격적으로 대하면서 상대방과의 대화에서 이해심과 관용을 가지며, 상대방의 주장을 경청하고 존중하는 자세를 취할 수 있습니다.

존대를 하니 존중이 되고, 자연스럽게 그런 마음으로 행동하게 되는 나 자신이 놀라웠습니다. 저는 직업상 아이들을 가르치던 사람이었던지라 걱정이 되었습니다. 성인들에겐 당연히 존대를 하지만 학생들에게, 초등학생에게까지 존대는 처음인지라 적응하느라 일부러 신경을 써서 열심히 존대했습니다.

학창 시절에 모르는 어른이 말을 걸어오면서 시작부터 반말로 얘기하면 말하는 내용을 떠나서 기분부터 좋지는 않았던 것을 기억하면서도 나이가 들고 자녀를 키우다 보니 그 존대라는 것이 얼른 나오지 않고 또한 시작은 존대로 하지만 말을 하다 보면 존대를 유지하려고 꽤 에너지를 쏟아야 할 때가 많았습니다. 나도 꼰대가 되나 봅니다. 퍼실리테이터를 할수록 누군가를 존대, 존중하기 위해 더 많이 노력해야 함을 느끼게 됩니다. 존중은 상대방의 존엄성과 다양성을 인정하고 배려하는 것입니다. 우리는 서로 다른 생각, 감정, 배경을 가지고 있기 때문에 상호 간의 존중은 중요합니다. 상대방을 존중하고 배려하는 태도는 좋은 인간관계를 형성하고 협력과 이해를 촉진합니다. 함께 사는 세상에서 모두가 서로를 존중하는 마음가짐으로 대화하고 행동하면 더욱 풍요로운 공존을 이룰 수 있을 것입니다. 그런 의미에서 모든 의견은 동등하게 소중합니다.

때로는 목소리 크고 잘 우기면 그 사람의 의견이 맞는 것처럼 흘러갈 때가 있는데, 퍼실리테이터가 동석하면 달라집니다. 실제로도 종종 듣는 말이 '퍼실리테이터님 덕분에 분위기가 한쪽으로 쏠리지 않았다. 고맙다'라고 칭찬을 듣기도 합니다.

조용하고 말 없는 참여자, 의무감에 참석한 참여자들도 의견 쓰고 한 명씩 동등하게 발표 시간을 주니 의견을 잘 말하게 되는 모습도 종종 봅니다. 한번은 워낙 말이 없어서 억지로 끌려와 앉아 있을 거라 생각했던 참여자가 있어서 '요기 주황색 글씨는 어느 분 의견인가요?' 하고 일부러 참여를 이끌었더니 자신의 의견을 쭉 말하는데 아까 그분이 맞나 싶게 말도 잘하시고 즐겁게 참여하는 모습에 마음이 참 좋았습니다. 시인이셨는데 택배로 시집을 보내주실 정도로 끝날쯤엔 분위기 좋게 행사를 마쳤습니다.

2. 능력이 아니라 결국은 마음이다, 마음이 일을 한다.

물론 능력은 중요하지만, 마음가짐과 태도가 더 중요한 역할을 합니다. 좋은 마음가짐은 상대방을 배려하고 존중하는 자세를 보여줄 수 있으며, 협력과 긍정적인 관계 형성을 촉진합니다. 마음이 풍부하고 따뜻한 사람은 다른 사람에게 영감과 격려를 줄 수 있습니다. 또한, 문제 상황에 대해 긍정적인 태도로 접근하고 해결책을 찾아나가는 능력도 마음의 상태에 따라 달라질 수 있습니다.

우리 한국퍼실리테이션협동조합의 리더이신 정현진 교수님이 늘 하시는 말씀입니다. 행사 때마다 주제에 대해 우리가 먼저 마스터해야 한다고 교육하는데, 이유를 공감하지 못할 때는 답답하기도 했습니다. '진행을 하는 거 아닌가? 어차피 내가 의견을 내는 것도 아닌데 뭘 굳이 이렇게까지 하는지' 싶었는데 차츰 교수님의 마음이 내 마음에 스며들면서 새로운 분야와 주제를 배우는 것에 재미도 느끼게 되었습니다. 실제로 공부가 덜된 상태에서 테이블에 앉을 때는 뭔가 모르게 소극적인 느낌이 들고. 왠지 참여자들에게 최선을 다하지 못한 것 같은 미안함이 느껴졌습니다. '이렇게 마음의 결이 교수님을 따라가게 되는구나!' 느껴지는 순간이었습니다.

3. 사람을 사랑하면 생각 이상의 에너지가 생긴다.

사람을 사랑할 때, 우리는 감정적인 연결과 깊은 애착을 형성합니다. 이러한 사랑의 감정은 우리의 마음과 정신에 긍정적인 영향을 미칠 수 있습니다. 사랑은 우리를 행복하게 하고, 우리의 에너지를 자극합니다. 사랑을 받는 사람에 관한 생각은 우리를 더욱 흥분시키고, 창의성을 자극하여 생각 이상의 에너지를 불러일으킬 수 있습니다. 우리는 상대방과의 관계에서 희열과 만족감을 느끼며, 그들을 행복하게 만들기 위해 노력하게 됩니다. 이 과정에서 우리는 새로운 아이디어와 열정을 발견하며, 에너지를 더욱 높일 수 있습니다. 따라서, 사람을 사랑할 때 생각 이상의 에너지가 생길 수 있다고 말할 수 있습니다. 그렇습니다. 같이 하는 사람들이 좋으니 더 노력해서 결과물을 만들고 혼자 같으면 상상도 못 해 볼 일들이 좋은 사람들과 같이하니 결과물이 만들어지는 것을 보면서 이렇게 에너지가 생기는 것이구나 새삼 느낍니다. 나도 뭔가 해주고 싶은 마음과 생각이 들어 나서서 여러 가지 일을 맡아서 합니다. 예전 같으면 할 줄 몰라 막막할 텐데 요즘은 신기하게도 해 볼 수 있을 것 같아서 해 보는데 이게 되더라구요. 결과는 별것 아니지만 해 놓고 저도 신기하고 뿌듯합니다.

4. 나에게서 뭔가를 찾으면 찾아지고 변화, 성장할 기회를 만드는 것이다.

나에게서 뭔가를 찾는다? 무엇을 찾으면 될까? 나는 어떤 일에 열정과 흥미를 가지는지, 특별한 재능이나 특기가 있는지, 어떤 분야에 대해 특별히 관심이 있는지, 어떤 가치와 신념을 가지고 있는지, 어떤 일이나 활동을 통해 진정으로 행복하고 만족하는지 생각해봅니다. 근래에 새로운 경험을 통해 변화와 성장을 이룰 수 있었습니다. 여러 가지 실수와 소소한 실패도 있었지만, 인내심과 학습 능력이 강화되어 더 강하고 지혜로운 사람으로 성장하고 있는 것 같습니다.

다양한 사람들과의 대화와 협력이 시각을 넓혀주기도 하고, 비판적인 피드백으로 기분 나쁘거나 비수가 되어 가슴에 꽂히기도 합니다. 그러나 피드백을 긍정적인 마인드로 받아들이고, 개선한다면 성장을 예상치 못한 기회로 찾은 그 무엇으로 인해 성장하고 있음에 감사하고 행복합니다. 이번 기회로 좀 더 성장하고 싶습니다.

5. 환대로 참여자들을 맞아라.

환대란 뭘까? 국어사전엔 '반갑게 맞아 후하게 대접함'이라고 나옵니다. 퍼실리테이터는 환호성을 지어주고, 웃음과 친절한 태도로 참여자를 맞이합니다. 아름다운 미소와 따뜻한 인사는 마음을 활짝 열 수 있게 하기 때문입니다. 인사는 인사일 뿐 환대는 아닙니다. 인사를 받았을 때와 환대를 받았을 때는 기분이 다르고 당연하게도 마음을 얼마나 여느냐도 달라지는 것입니다.

6. 옳고 그름보다 친절을 택하는 게 퍼실리테이터로서의 삶이다

친절은 언제나 최선의 선택입니다. 옳고 그름을 판단하는 것보다 친절하게 대하는 것이 더 중요하고 가치 있는 행동이라고 알고 있습니다만, 사실 엄청난 에너지가 필요하긴 합니다. 소통은 갈등을 예방하고 해결하는 데 매우 중요합니다. 불편한 상황이나 갈등이 발생했을 때, 상대방과 솔직하고 존중하는 대화를 나누려고 노력하지만, 많이 힘들기도 합니다. 때론 오해로 인해 힘들기도 하지만 친절을 선택하고 기다리면 감사하게도 대부분의 오해는 시간이 조금 지나면 풀립니다.

더 감사한 건 그렇게 오해했다가 풀리면 그 사람과 더 유대 관계가 깊어지는 것입니다. 나는 사실 회피로 보일 수도 있겠지만 퍼실리테이터를 공부하고부터 어떤 오해들을 받을 때면 굳이 그 자리, 그 당시에 해명하려고 애쓰지 않습니다. 그때는 상대방이 흥분하거나 마음을 닫은 상태라서 해명해봐야 딱히 좋아질 것이 없습니다. 그냥 친절하게만 잘못한 거 없어도 형식적으로 하는 미안하다는 표현하고 하다 보니 그렇게 되었다고 하면서 넘어갑니다. 신기하게도 후에 어떤 시점에 풀어지는 계기가 생기게 되는 것이 감사할 뿐입니다. 당시에는 오해를 받는 것을 알아도 신기하게 마음은 편합니다. 오해는 안 풀려도 어쩔 수 없지만, 풀릴 것입니다.

내가 친절을 베풀었더니 일이 커지고 싸움으로 번지는 일이 아주 많이 줄어드는 것을 느낄 수 있었습니다. 이렇게 긍정적인 마인드로 자기관리를 해 봅니다. 바쁜 일상에서 수없이 사무실을 드나드는 사람들을 대할 때도 원탁토론회 참여자들을 대하듯 하고 있습니다. 퍼실리테이터의 친절함으로 퍼실리테이터로 진행할 때 같은 복장과 메이컵으로 늘 그렇게 살고 있습니다. 그랬더니 종종 들리는 소리가 친절해서 좋다. 말이 통해서 좋다. 이쁘게 하고 있으니 좋다는 어르신들, 실수해도 착해서 봐줄 수 있다는 분들 등. 사무실에 왔다가 기분 나쁜 채로 가는 사람은 거의 없습니다. 이렇게 퍼실리테이터로서 내 삶을 살아가니 내가 뭘 크게 잘하는 건 없지만 마음이 편안하고 즐겁다. 나는 이렇게 사는 현재가 좋고 행복합니다.

7. 00 님을 항상 붙이는 이유, 의식적으로, 에너지가 많이 소모되지만, 마음과 에너지 백 퍼센트 쓰는 것으로 내 사람을 존중하고 있는 것(말투에서 많은 것을 느낄 수 있다.)

상대방의 호칭을 정확하게 불러주는 것은 상호 간의 존중과 예의를 나타내는 방법의 하나입니다. 예를 들어, 실장은 조직 내에서 중요한 역할을 맡고 있으며, 풍부한 경력과 경험을 가지고 있을 가능성이 큽니다. 이러한 경력과 경험, 리더십과 권한을 인정하고 존중하기 위해 실장님 호칭을 사용할 수 있습니다. 사실 굳이 '실장님'이라고 불러야 할까? 보통은 선생님이라는 호칭을 많이 씁니다. 퍼실리테이터들은 위에도 있듯이 가르치는 사람들이 많기도 하고, 학부모들끼리고 호칭 쓰기 애매할 때 쓰기도 합니다. 이것도 이해는 안 되지만, 말하면서 버퍼링이 걸리기도 하면서 열심히 부르고 있습니다. 그런데 그렇게 부르는 횟수가 늘어가면서 느껴지는 것 같습니다. 그분과 친하게, 가깝게 지내지만 친하게 지내다 보면 뭔가 매너가 조금씩 무너지기도 하는데 이렇게 부르다 보니 존중하게 되는 것 같습니다. 어느 정도 선이 지켜지는 느낌입니다.

8. 리더가 단톡에 글을 올리면 응원의 말이나 동의의 말로 댓글 달기

응원과 동의는 상대방과의 긍정적인 관계 형성과 상호 간의 소통을 원활하게 하는 데 중요한 역할을 합니다. 이는 상대방에게 도움을 주고, 긍정적인 경험을 제공하며, 협력과 팀워크를 촉진하는 데 도움이 됩니다. 우리 한국퍼실리테이션협동조합의 단톡방은 자기표현을 반드시 합니다. 주로 단체 카톡방에 공지가 뜨면 읽어봅니다. 그렇습니다. 많은 사람이 보는 것으로 끝납니다. 대답을 해야 하면 '네', '확인했습니다' 정도입니다. 참석 못하는 사람은 대답해달라고 해도 그조차도 않습니다. 이 경우엔 한국 사람의 특징, 미안해서 못 달겠다고 합니다. 저도 그랬습니다. 그러다 우리 선생님들이 교수님 말씀에 실천으로 대답을 표현합니다. 내용은 크게 별말 아니라도 그 자체로 조금이나마 힘이 납니다. 응원의 말일 땐 부끄럽다가 금세 힘이 나서 감사하다고 오히려 대답할 정도이기도 합니다.

9. 자유롭게 하되 질서는 반드시 지키라

자유로운 분위기이고 회사가 아니니까 회원들도 뭐 그렇게 대수롭지 않습니다. 그러다 보면 '이건 좀 아니다.' 싶을 때가 있습니다. 물론 정작 당사자는 모릅니다. 이러다 보면 그 단체 밖에서 보는 이들은 '이 단체는 별거 아니다' 생각하게 됩니다. 그러니 그 단체에 속한 회원들도 존중하지 않습니다. 같이 무너지고 있는 것입니다.

주변에서 보며 알게 되는 중에 교수님의 메시지 개념을 정리를 할 수 있었습니다. 리더에게 질서를 지키는 것은 조직 내에서의 협업과 효율성을 높이는 중요한 요소입니다. 리더는 조직 내의 지시와 규칙을 제시합니다. 이를 따르는 것은 조직의 원활한 운영을 위해 중요합니다. 리더의 지시를 이해하고 존중하여 따르는 것은 리더에게 질서를 지키는 좋은 방법입니다. 자유롭게 행동하되 질서를 지키는 것은 중요합니다.

자유로운 환경에서는 창의성과 혁신이 발전할 수 있지만, 일정한 질서와 규칙의 존재는 조화롭고 효율적인 활동을 도모합니다. 질서는 협업과 조화를 유지하고 모든 참여자가 공평하게 참여할 수 있는 기반이 됩니다. 따라서 자유로운 환경에서도 서로를 존중하고 협력하여 질서를 지키는 것은 중요합니다. 단체 리더에겐 특별한 질서를 지키는 것이 좋습니다.

10. 드레스코드 블랙&화이트

드레스코드를 똑같이 하는 것은 조직 내에서 일관성 있는 외모와 전문성을 유지하고, 일관성 있는 문화를 유지하며, 상호 간의 존중과 협력을 촉진하는 데 도움이 됩니다. 보통의 토론회에서 퍼실리테이터는 정강에 가깝게 옷을 입습니다. 조금 더는 여름이라도 재킷을 갖추어 입는 정도입니다. 그런데 우리 한국퍼실리테이터협동조합의 드레스코드는 블랙&화이트입니다. 주인공인 참여자들을 돋보이게 하고 우리 스스로는 튀지 않도록 하는 작은 배려입니다.

11. 리더와 많은 소통을 하자. 잘 모르면 자기 기준으로 생각하고, 판단할 수밖에 없다.

리더와 소통함으로써 필요한 전략, 계획, 우선순위 등을 명확히 할 수 있습니다. 리더는 단체의 방향성을 결정하고, 그 방향성에 대한 이해와 공감이 필요합니다. 소통을 통해 리더는 구성원의 의견과 아이디어를 수렴하고, 이를 바탕으로 목표를 달성하는 계획을 수립할 수 있습니다. 리더와의 소통은 불필요한 실수나 오해를 방지할 수 있습니다. 리더가 명확한 지시를 내리고, 직원들이 그 지시를 이해하지 못하면, 불필요한 실수가 발생할 수 있습니다. 리더와의 소통을 통해 이러한 문제를 예방할 수 있습니다. 리더와 소통하는 것은 구성원의 역량 강화를 위해 필요합니다. 리더는 구성원의 능력과 역할을 충분히 이해하고, 그에 맞는 과제를 할당할 수 있습니다. 또한, 구성원들의 성장과 발전을 위해 피드백과 조언을 제공합니다. 소통을 통해 리더는 직원들의 역량을 파악하고, 이를 더욱 효과적으로 개발할 수 있습니다.

퍼실리테이션은 하나의 소통 방식이며, 우리 시대에 꼭 필요한 것

최진선 사무국장

제가 처음 참여한 퍼실리테이션은 3년 전 부산진구청 마을교사 양성과정이었습니다.

'마을 교사로서 내가 하고 싶은 일, 내가 생각하는 마을'에 대해서 이야기하는 시간이었는데, 퍼실리테이션은 저에게 새로운 방법이었습니다. 평소 나의 이야기보다는 다른 사람의 이야기를 듣고, 나와 의견이 틀려서 이야기하기보단 내 생각으로 정리만 해 놓고 남 앞에서 이야기하는 것을 힘들어하는 저였는데, 퍼실리테이션은 내 이야기를 자연스럽게 이야기를 할 수 있는 장을 열어주는 것이 저한테 무척 매력 있는 프로세스구나 하고 생각했습니다.

어디서든 낯선 사람들과 대화와 소통을 힘들어하던 저에게 다른 사람들에게 나의 의견과 생각과 느낌을 나눌 수 있다는 사실이 강렬했기 때문입니다.

그 뒤에 부산흥사단, 민주시민을 교육하는 단체에서 진행하는 퍼실리테이션프로그램에 참여해보았는지만, 다섯 살 아이의 양육과 코로나 또 저녁에 참석해야 하는 수업을 제대로 참여할 수 없어서 무척 아쉬웠고, 그 과정을 다 수료하지 못했습니다. 그리고 가끔 "아, 제대로 배워봤으면 좋겠다."라는 생각만 가끔 하며 지내왔습니다.

저는 사람들과 함께 놀고 즐길 수 있는 보드게임 강사로 활동하면서 아이들과 소통하는 방법에 대해 고민하는 강사가 되었습니다.

게임 규칙과 노하우를 알려주는 것은 잘 진행되었지만, 사람들의 생각과 느낌을 나누는 게 어려워하면서 '어떻게 이야기를 해야 사람들과 소통이 원활하게 이루어질까?' '내가 놓치고 있는 게 무엇일까?'를 고민했었으며, 그럴 때마다 퍼실리테이션을 좀 더 배워보고 싶다고 생각하곤 했었습니다.

그러다 알고 지내던 선생님이 퍼실리테이션을 하고 계신 걸 알게 되었습니다. 그리고 그분에게 혹시 퍼실리테이션 수업을 개강하게 되면 알려달라 부탁했었지요.

지금 생각해보면 부탁이 아니라 열어달라고 강요였을 수도…

그리고 시민 퍼실리테이션 강의가 열렸습니다.

그렇게 생각만 하던 퍼실리이션을 추운 겨울날 다시 만나게 되었습니다.

무척 설레는 마음으로 찾아가던 제 모습이 생각이 납니다. 처음 가는 낯선 장소였지만, 기분 좋은 설렘으로 찾아갔습니다. 그렇게 배워보고 싶었던 퍼실리테이션을 만났습니다.

그리고 그날 전 나도 모르게 울었습니다. 아이스브레이킹을 하면서 그동안 많은 상처를 받았고, 내가 처한 상황에 내가 하고 싶어 해도, 또는 하고 싶지 않아도 주변 상황에 내가 좌지우지되는 상황에 내가 지쳤고 힘들어한다는 것을 알게 되었습니다. 내가 주변의 문제로 그동안 많이 힘들어하고 있었다는 걸 알게 되면서 지금의 내 상태를 알게 됐습니다. 그러면서 어디에서도 이야기 안 하던 나의 상황을 이야기하는 나를 보게 됐고, 꺼냄으로써 내 상처를 털어내고 다시 힘을 얻을 수 있는 시간이었습니다. 그리고 같이 참여했던 참여자들의 이야기를 들으면서 서로에게 위안과 힘을 가질 수가 있었고, 마음에 짐과 상처를 덜어낼 수 있었습니다. 참여자들과 참 많은 이야기를 나눴던 거 같았습니다. 다른 사람들과 잘 나누지 못할 거 같은 이야기, 내가 살아가고 있는 이야기, 힘들었던 점, 좋았던 점, 내가 이루고 싶은 것들, 좋았던 추억, 나에게 힘이 되어주고 있는 것들… 퍼실리테이션을 배우면서 내면의 내가 힘이 얻고, 다시 시작할 수 있을 것 같다는 생각과 마음을 갖게 되었습니다.

그리고 또다시 다른 사람들과 원활한 소통의 재미를 느끼게 되었습니다.

생각해보면 참 재미있던 시간이었고, 나의 이야기를 생각해보는 계기가 된 거 같았고, 그렇게 전 다시 퍼실리테이션의 매력에 다시 빠지는 시간이었습니다.

시민퍼실리테이션 강의가 끝난 후 저에게 새로운 기회가 왔습니다.

퍼실리테이터로 학생들 앞에 나서게 되는 기회를 얻게 되었습니다. 기쁜 일이었지만, 한편으로는 무척 겁도 나고, 걱정도 많이 됐습니다. 약 한 달간 여러 퍼실리테이터 선생님들과 줌(zoom)을 통해서 토론 연습을 하고, 진행 방법과 규칙을 익히고 배웠으며, 밤늦게까지 여러 선생님의 열정을 보고 배우게 되었습니다. 이분들에게 참 배울 점들이 많다고 생각되었습니다. 차분하면서도 다정하게 나누는 말투와 상대방을 부드럽게 대하며 다가서는 모습들을 보면서 나에게 없는 모습들을 배울 수 있는 시간이었습니다. 퍼실리테이터로서 협의회를 잘 진행하기 위한 의견을 나누고, 연습하는 시간 동안 내가 잘 할 수 있을까? 라는 걱정도 되었고 어떻게 해야 하는지 방법도 익숙하지 않아서 버벅댔지만 기본 시나리오를 숙지하고 퍼실리테이터로 참여자들을 존중하는 마음들을 새기면서 회의에 참여하였고, 회의에 참여하면 할수록 제가 지난 회의보다 조금 나은 모습으로 조금씩 변화하는 저를 볼 수 있었습니다. 그러면서 연습하고 반복하면 나도 여러 퍼실리테이터 선생님들과 같이 설 수 있겠다라는 용기와 자신감을 느끼게 되었습니다.

그렇게 처음 퍼실리테이터로 사람들 앞에 서는 날이 왔습니다.

아침에 너무 긴장해서 새벽에 눈이 떠지고, 내가 진행해야 하는 순서와 멘트들을 숙지하면서 떨리는 마음을 갖고, 협의회장에 갔었습니다.

그날의 기억은 내가 회의를 어떻게 시작했는지, 진행했었는지 기억이 잘 안 나지만 위원님들과 회의를 진행하면서 한결 편해진 분위기, 한 명의 의원이 의견을 말하면 다른 의원들의 경험을 공유하면서 방법을 스스로 찾아가는 위원님들의 모습이 생각이 납니다. 한 명의 생각과 문제가 여러 사람과 공유하고 대화하면서 해결점을 찾아내면서 서로를 존중하는 방법이 퍼실리테이션이라는 것. 그리고 그걸 위해 퍼실리테이터가 필요하다는 퍼실리테이터의 필요성을 다시 느끼게 되었습니다. 그리고 그 일을 내가 할 수 있다는 경험은 제 인생의 강렬한 기억, 추억의 한 페이지로 남았습니다. 그 후 제시간이 허용하는 순간에는 퍼실리테이터로 토론, 회의에 참여하면서 그때마다 즐겁게 퍼실리테이터로 경험을 쌓아가고 있습니다.

또한 아이들, 성인 수업을 하면서 퍼실리테이션을 어떻게 접목을 시킬 수 있을까를 생각하게 되었습니다. 시민퍼실리테이터 강의가 진행되면서 막연하게 생각만 하고 있던 것들을 꺼내 저의 나름대로 방법을 생각하고, 아이디어로 나만의 방법과 규칙을 만들어갔습니다.

첫 번째로 생각 한 것은 경청이었습니다. "내가 수업하면서 무심

코 지난 말들은 없었을까?"를 생각하였으며, 되도록 수업 시 나눈 대화에 귀를 기울이자고 생각했습니다. 그러면서 내가 상대방에 대해서 알고, 생각했던 모습 외 다른 생각과 모습들을 알게 되었고, 좀 더 부드럽고 편안한 분위기를 조성할 수 있었습니다.

두 번째는 서로를 알기 위해 협동과 협력할 수 있는 보드게임들을 찾게 되었습니다. 보드게임도 게임에 베이스를 두기 있어서 경쟁과 견제를 하는 게임들의 종류가 많은데, 계속되는 경쟁 게임보다는 서로 팀이 되어서 하나의 목표를 위해 노력하고 성취할 기회를 가져보고자 협력 게임들을 찾아보았고, 지금은 몇 개의 게임들을 수업참여자들이 함께 즐길 수 있는 수업을 만들어서 진행하고 있습니다.

세 번째는 수업참여자들과 소통과 공감 할 수 있는 보드게임을 알아보고 찾게 되었습니다. 제가 퍼실리테이션을 배우면 가장 크게 느낀 점은 공감과 소통하였습니다. 심리치료 때에 실제 사용되고 있는 보드게임을 찾았고, 그림으로 감성을 자극하거나 서로의 느낌과 생각을 나누고, 공감할 수 있는 보드게임을 수업으로 진행하고 있습니다.

네 번째로 수강자들이 이야기를 만들고 말할 수 있는 게임들을 찾아보았습니다. 서로 이야기를 잘 안 하는 시대에 사는 우리에게 필요한 게 말을 하는 연습이 필요하다는 생각이 들어 내가 이야기를 만들고, 이야기를 듣고 그에 맞는 캐릭터를 선정하기 등 다양한 주제들을 찾기 위해 노력하고, 수업을 진행하고 있습니다.

이렇게 아이들과 어르신들과 같이 수업을 진행하고 소감 나누기로 좋았던 점, 힘들었던 점, 아쉬웠던 점을 이야기하면서 제 수업의 피드백을 받으며 개선해 나가고 있습니다.

수업을 진행하면서 느꼈던 것은 저와 수강자들의 친밀도가 올라가고 한층 부드러운 분위기에서 수업을 진행할 수 있었습니다. 그리고 수업하는 저도 수강자들 앞에 좀 더 편하게 나설 수 있다는 것이었습니다. 앞으로도 계속 이렇게 변해가는 제가 되도록 노력하고 개선해 나아가고자 하며, 지금은 보드게임 외에도 나의 영역을 넓히고자 취미 생활로 하던 공예, 내가 좋아하던 그림책을 이용한 수업 구성들 다양하게 생각하고 계획하고 있습니다.

토론장, 회의에 가면 많은 사람이 다양한 생각과 의견을 가지고 만나서 서로의 이야기를 하며, 서로 소통하고 이해하는 과정에 도움을 주고 안내하는 길라잡이 역할을 하는 것이 퍼실리터이터고, 퍼실리테이션이라고 생각합니다.

내가 경험하고 느꼈던 퍼실리테이션은 하나의 소통 방식이며, 지금 우리 시대에 꼭 필요한 게 아닐까 하는 생각합니다. 자신의 가치관에 성향에 내 기준에 맞지 않는다고 상대방을 배척하며 극과 극으로 치닫고 있는 우리 사회에 꼭 필요한 게 퍼실리테이션이 아닐까 하고 생각합니다. 서로를 이해하고 존중하는 세상으로 변화하기 위해 중재자의 역할이 필요한데 이것을 퍼실리테이터가 될 수 있다고 생각하며, 중재자의 역할은 퍼실리테이터의 역할 중 하나이기 때문이기도 합니다. 서로를 이해하고 존중하고 존중받을 수 있는 사회가 만들어졌으면 좋겠다고 생각을 합니다. 퍼실리테이션은 기업, 학교자치회, 정부기관, 민사정 협력협의체 등 다양한 기관에 기업에서 퍼실리테이터가 참여하여 회의나 토론이 진행되고 있다고 알고 있으며, 실제로 퍼실리테이터가 참여하는 회의에도 제가 참여자가 되어 참석하기도 합니다. 이렇게 다양한 분야에서 퍼실리테이션을 활용하고 있으며, 앞으로도 더 다양한 곳으로 나아갈 것으로 생각합니다.

저는 지금 나보다 조금 더 성숙한 사람이 되고자 노력하는 사람이 되고 싶습니다. 거창하게 성인이 되는 것이 아니라 상대방을 존중하고, 이해할 수 있는 사람이 되고자 합니다. 그리고 여러 퍼실리테이터 선배님들처럼 누구에게나 부드럽게 다가설 수 있으며, 존중할 수 있는 사람이 되고자 노력합니다.

그리고 한 번쯤은 누구나 퍼실리테이션을 만나보길 바라봅니다. 그리고 그 들 중에서 저처럼 다른 사람 앞에서 이야기하기 힘들어하는 분들과 다른 사람들의 이야기를 주로 듣기만 했던 분들이 자신이 이야기를 할 수 있는 분위기와 장소를 한 번쯤은 느껴봤으면 좋겠다고 생각합니다.

저와 같이 위로를 받고, 치유할 수 있는 시간, 서로서로 알아가는 시간을 가져봤으면 좋겠다고 생각합니다. 각박한 세상에 산다고 이야기되는 지금 시대에 내 안에 있는 나를 조금 쉴 수 있는 것 위안을 받을 수 있다면 좋겠다고 생각합니다. 그리고 앞으로 한 걸음씩 나아갔으면 좋겠습니다.

MBTI(Myers-Briggs Type Indicator)나 다양한 심리 테스트가 유행처럼 퍼지고 사람들이 궁금해하는 건 결국 서로서로 이해하는 방법의 하나가 아닐까 하는 생각도 하게 됩니다. 서로 다른 성격 유형들을 보면서 서로를 알고 이해하듯이 서로를 이해할 수 있는 장을 계획하고 문을 열어주는 방법의 하나가 퍼실리테이션이라고 생각하면서 앞으로 더 성장하는 나를 기대해봅니다.

나의 역할을 빛나게 해줄 기회가 되어 감사하였다

최순화

사람은 몸의 일부를 다치게 되면 그 부위는 회복될 때까지는 사용하지 않으려고 노력한다.

나 또한 그런 한해가 왔다. 나의 기둥과 같은 아버지를 잃은 해.

그해에 내 마음은 상처가 아주 깊었다. 코로나19 팬데믹으로 엎친데 덮쳐서 나의 일터인 미술학원까지 문을 닫게 되었고, 나에겐 남아 있는 거라곤 내가 없어도 잘 살 것 같은 내 남편. 내가 없는 공백에도 혼자 잘하는 남편이었기 때문에 내 쓰임이 필요 없었다.

홀로 된 친정엄마도 나 말고도 살가운 둘째 딸도 있고, 홀로된 엄마를 위해 독립해 나가 살다가 들어와 엄마 곁에서 지켜주고 있는 막내도 있으니 나의 공백은 티가 나지 않았고 유일하게 내 손이 약간 필요한 딸도 다들 잘 알아서 살아주고 있었다. 일 다닌다고 학원만 뱅글뱅글 돌다가 2020년 코로나로 인해 학원도 못 가고 집에만 있으니, 딸에게만 정신이 갔다. 하지만 나가지 못하고 무기력한 내가 집에 있는 딸에게 감정을 표출하게 되니 딸도 지쳐가고 나도 지쳤고, 정신이 차려보니 우리 사이는 너무 좋지 않았다. 그때 알았다. 내 마음에 상처가 있구나. 그 상처가 아물려면 나에게 치유할 시간을 줘야겠다고 생각했다.

해결 방법은?

머릿속에 스치는 말 "시간이 약이다." 그래서 시간을 빨리 가기 위해 아무것도 안 하는 것보다 취직을 해서 일해야겠다는 생각이 들었다. 몸이 바빠야 정신없이 시간이 빨리 흘러가겠구나 싶은 생각에 디자인을 전공한 난 디자인 회사에 취직했다. 그리고 8개월이 지나고 10개월이 지났지만, 회사에서도 내 맘을 다스릴 힘이 없으니 회의를 하다가도 울컥 눈에 눈물이 고이곤 하였다. 그래서 1년 2개월 만에 일을 그만두게 되었다.

허망한 맘을 지니고 있을 때 길가에 붙어 있는 마을공동체 활동이 있으니 이수하게 되면 동네 마을 나들이 강사(초등학생들의 마을을 알게 해주는 수업)를 할 수 있다는 현수막을 보게 되었다. 초반에는 낯을 가리기도 하지만 애들이랑 수업할 때 초면에도 너무 잘 웃고 잘 놀던 나의 2년 전이 회상이 되었다. 우리 아이들은 탐색하지 않고 날 받아준다. 그래서 옳거니 저거다 싶어 전화접수를 하고 한 달 동안 8번의 교육을 받았다. 우리 마을에서 태어나진 않았지만 6세부터 살아온 내 동네 어려울 게 없었다. 더 알고 싶고 더욱 재미가 있었다.

그렇게 마을 나들이 탐방에서 만난 선미 씨. 그녀는 마을을 위해 부단히 노력하고 있는 한 명이었다. 낯설지만 나에게 다가와 말을 걸어주고 하는 그녀는 곧은 성격에 바른 사람이었다. 그래서 그런지 그녀를 몇 번 보지 못했지만, 퍼실리테이션 있는데 들어보실 생각 있냐고 연락이 왔을 때 선뜻 뭔지 무얼 하는 건지도 모르고 같이 가자고 대답하게 되었다.

첫 퍼실리테이션 수업, 단정해 보이고 세상 나쁜 행동은 요만큼도 용납 못 하게 생긴 강사분이 테이블에 앉아 계셨다. (정현진 교수님의 첫인상이었다) 본인 소개 후 수업이 진행되었다. 난 세상 보는 걸 좋아한다. 듣는 것 또한 좋아한다. 평소에도 무료 강좌가 열린다고 하면 시간이 되면 혼자 가서 듣는 성격을 지니고 있다. 그래서 수업이라고 하길래! 듣고 보는 건 줄 알고 왔다. 그런데 첫 수업부터 강사분이 오늘 나의 기분을 손가락 다섯 개를 펼쳐 현재 기분의 점수를 주고 이야기를 나누자 한다. 요즘 말로 헐!! 낯가림 후엔 말이 많지만, 지금은 나에게 심장이 쪼글쪼글해질 것처럼 두근두근했다.

한분 한분 자기의 기분을 소개하고 내 차례 찬바람 알레르기가 있는 나에겐 아침이 비염으로 시작되어서 곤욕을 치르면서 눈을 뜨고 혈압이 낮아 일어나기 힘들지만, 사회에 사는 사람으로서 본능적으로 살 수 없어서 억지로 눈을 떠서 고양이 알레르기가 있지만 고양이를 사랑해서 미미와 망고의 엄마인 난 사료를 주고 학교에 가든 안 가든 아침을 먹지 않는 내 딸을 보고 알아서 출근한 남편이 없는 아침을 맞이한 나의 기분은 별 볼 일 없는 아침이지만, 커피를 사랑하는 나라에서 사는 난 카페인을 아침에 몽땅 섭취해 내 몸에 부스터를 줘서 나의 기분은 4라고 하고 싶었다. 하지만 "난 커피를 마시고 와서 기분은 4입니다."라고 소개를 했다.

모든 사람은 참 능력자이며 참신하다 나 빼고 말 너무 잘한다. 강사님 또한 목소리도 작지만, 순간 느낀 감정을 말로 표현하는 것이 대단하다. 그래서 나 또 쪼그라들었다.

마음 열기 외 미션이 2시간 동안 진행되었다.

거참 이상하다 싶었다. 분명 난 첫 나의 기분을 발표할 때 내일은 오지 말아야지 누가 시킨 것도 아니고 선미 씨랑 친한 것도 아니고 돈 받는 건 더더욱 아닌데 내 시간 써서 뭐 하는 거지? 싶었다. 그런데 마음 열기를 하고 미션 몇 가지를 진행하고 나니 헤어질 무렵 다음이 기대되며 기다려지는 것이다. 이건 뭔지 모르겠다. 재미있었다. 맘이 가벼워졌다. 저들의 이야기는 다 좋지 않았다. 힘든 부분도 있었고 왜 저런 생각을 하지라는 부분도 있었다. 하지만 감정 쓰레기통 느낌은 아니었다.

난 예전 친구 중 통화를 하면 매번 힘든 이야기 싫은 이야기 그런 이야기만 나에게 들려주는 친구가 있었다. 그럴 때만 나를 찾는 그 친구 통화를 하고 나면 아프고 삶의 의욕이 없어졌고 힘들었다. 그래서 사람들의 이야기를 들어주는 게 얼마나 힘든지 안다. 8명이 되지 않았지만, 그들 중 반 이상이 힘든 이야기였지만 이번엔 괜찮았다. 그리고 강사분도 참 대단하였다. 우리 모임 말고 다른 모임들도 퍼실리테이션으로 지도하실 건데…. 정현진 강사님도 궁금했다.

이 기분은 뭐지? 내일 또 와서 들어봐야지! 궁금증이 생겼다. 그래서 그다음 모임 때 쌀쌀한 날씨에도 다시 만났고 기대의 발걸음으로 모임 장소에 만나 다들 서로서로 아는 분들이 있어 인사도 하고 밝아 보였다.

여러 번 수업이 이루어지는 과정에 내 마음이 차츰 치유된 것 같았다. 완벽한 한해 마무리가 되었다. 그중 제일 기억에 남는 장면은 올해 가장 중요한 일이 무엇인가? 라는 질문이었다. 기억이 잘 나지 않는 데 솔직한 마음을 표현할 기회가 있었다. 난 내 마음의 상처를 치유하는 한해였기 때문에 지금까지 이야기를 줄줄 하게 되었다. 그랬더니 나도 치유가 되면서 그 강의를 듣는 분들까지도 마음을 나에게 열게 된 계기가 되었던 것 같다. 그러면서 다른 선생님과도 친하게 지내게 되었다.

세상이 잘 흘러가려면 각자의 역할을 잘 해줘야 하는 법이다. 그 사이에 자기의 욕심으로 세상은 조금씩 틀어지는 법 이 또한 강사분의 지도라고 해야 하나 흐름을 잘 잡아줘서 퍼실리테이션의 믿음이 생기고 나의 속 이야기도 했던 것 같다. 강사분은 이 자연스러운 모임의 흐름을 위해 얼마나 노력하고 있겠는가? 그 감정을 알게 되면서 흥미롭고 더 알아보고 싶어지는 생각이 들었다. 퍼실리테이션 이수가 끝날 무렵 보조 역할의 기회를 얻게 되었다. 재미있고, 어렵지 않았다. 부산교육청에서 IB 교육을 알리고 의견 수집을 하는 자리였다. 각 학교의 대표로 1~2명의 선생님이 참가하는 자리 그런 자리에 나 같은 경우에 누가 깊은 역할을 주겠는가 가벼운 일을 맡게 되었지만 오랜만에 느끼는 보람참을 느꼈다. 다들 의견을 쏟아내고 토론회도 흥미로웠다. 학창 시절 토론회를 좋아했던 나의 과거도 스쳐지나갔다. 난 그래서 이 퍼실리테이션을 더 잘 알아보기로 했다. 책도 읽어보았다. 융합, 복합, 소통, 협력, 촉진, 열정 이걸 창의적으로 풀어내는 자들 퍼실리테이터들.

첫 퍼실리테이터의 역할을 줬다. 두려웠지만 기대가 반 이상이었다. 내 마음이 첫 데이트의 기분 설레이고 실수할까 두렵고 하는 그 마음과 같았던 것 같다. 부산교육청에서 주최하는 부산 시내의 고등학교 대표 고등학생들의 토론회 2~300 인원을 소그룹으로 나누어 의견을 소집하고 소통을 이루는 일, 주어진 시간은 아주 짧았다. 그래서 Ground Rule을 미리 준비해 제안한 후 동의를 얻어 짧지만 굵게 진행하였다. 원활할 참여도를 위해서는 꼭 오프닝으로 분위기를 만들어야 한다. 학생대표들도 잘 따라주었다. 누구에게는 예민한 부분이 편안하게 경계심이 있던 부분도 자유롭게 바뀌었을 것이다. 의견 공유 소집을 위해서는 참가자 간에 서로 어색함을 바꿔 주어야 한다. 어색한 자리에선 절대 의견이 나오지 않는다. 그래서 아주 짧은 시간이 주어진다고 하여도 오프닝은 절대적으로 쉽게 생각해서는 안 된다. 또 퍼실리테이터는 이때 공감대를 형성하는 부분도 중요하다 참여자들의 공감을 끌어내 좀 더 여유를 갖게 해주며 마음의 문을 열고 대화할 수 있도록 해주는 것도 중요하다. 우리는 나를 소개하고 장점을 이야기하면 다 함께 "당연하지!"로 화답을 해주기로 했다. 학생대표들은 어색함도 있었지만 웃음과 함께 어색함은 사라지고 있었다. 짧지만 오프닝은 웃음으로 마무리되었다.

이젠 본론인 토론으로 들어갔다. 짧은 시간이 주어진 터라 포스트잇의 퍼실리테이션을 진행하였다. 포스트잇에 의견들을 종이에 붙여 의견을 제시하였다. 포스트잇은 작지만, 나의 의견을 적기엔 아주 좋은 재료이다. 의견을 공유해 보았다. 한 사람도 다른 곳에 집중하지 않게 주의를 기울이면서 토의를 진행하였다. 집중력이 떨어지는 것을 방지하기 위해 Ground Rule을 제안하고 발표 시간을 제한하였다. 여러 장의 포스트잇 중복된 의견들 대형 포스트잇에 의견을 붙여 보았다.

그리고 참여자의 주제를 적힌 의견의 이야기를 나누고 좁혀 보았다. 참여자들의 의견을 듣고 그 외 의견도 들어보고 의견을 제시한 참여자들은 고등학생이었지만 지금 당장 사회의 일원으로 내놔도 손색없는 발언들 인문계, 상업계 가릴 것 없이 질서 있고 바른 의견들 놀라울 정도로 의견을 잘 내어주고 다른 친구들의 의견도 잘 들어주었다. 모든 토론은 끝까지 하면 좋아질 터지만 우리에게 주어진 시간은 부족하였기에 다수결인 투표로 의사결정을 하였다. 투표로 들어가기 전에 대안들을 충분히 들어보고 통합적으로 참여자들과 의견을 점검하였다. 참여자들은 모두 서로의 의견들을 존중하였다. 장래가 밝아 보였다. 우리 아이들이 덩치는 나보다 크지만 사랑스럽게도 보였다. 클로징 또한 오프닝만큼 중요하다. 클로징 시간도 오프닝만큼 할애했다. 참여자들의 의견을 검토하고 결정했으나 참여자들의 의견을 모두 동의하였는지 반대한다면 최소한의 대한을 세워야 한다. 참여자 중 한 학생은 스몰 마우스였다. 관심도 있고 수줍은 것도 있고 불만도 있고 한데 의견을 발언하지 않았다. 이럴 때 필요한 게 퍼실리테이터의 경청이며 공감하는 표현이다.

그래서 친밀감과 함께 안정감을 줄 수 있게 이름을 직접 불러 발표할 수 있도록 요청하였다. 오프닝에 충분히 동기부여가 되지 않았던 모양이다. 나의 부족 부분이 드러나긴 하였지만, 지금이라도 참여를 유도하였다. 그랬더니 반대의 의견은 아니지만, 본인의 의견도 중요하다고 이야기하였다. 그러하여 의견을 들어보고 발표자가 그 의견을 제시해 주기로 의견도 잡았다. 이런 점을 보면 다른 의견을 존중하나 본인의 의견도 제시하였으면 하는 부분들이 있다. 그래서 클로징 또한 너무 중요한 부분이다.

내가 생각하는 또 중요한 부분은 참여자들과 나누였던 종료 시각이다. 참여자마다 뜨거운 열기로 참여로 재미를 느끼는 참여자도 있지만 다른 스케줄을 기다리는 사람도 있을 것이다. 그렇기 때문에 마무리 시간을 꼭 지켜야 한다고 생각한다. 가장 훌륭한 강사는 10분 전에 마치게 해주는 강사라는 말이 생길 정도이니 시간의 약속은 꼭 지키는 게 좋다. 종종 토론이 길어질 때도 있지만 최대한 시간은 지켜야 한다.

이렇게 부족한 나의 첫 피실리테이터의 역할은 이 아이들 덕분에 완벽했다. 너무 보람차고 뿌듯했다. 새삼 내가 멋진 것 같은 착각이 들 정도로 좋았다. 학원 선생이었던 나는 항시 학부모님의 눈치를 보면서 이야기를 나눴다. 하지만 각 학교의 학생대표들과 함께하면서 끄집어내어 소통하고 유연한 생각으로 토론을 진행하면서 나의 역할을 빛나게 해줄 기회가 되었던 것 같다.

생각해보라. 나의 삶 속에서도 퍼실리테이터를 진행하고 있지 않은가? 당신에게 따뜻한 인간미가 있다면 벌써 진행 중일 것이다. 우리는 논리적 판단과 따뜻한 감성이 함께 균형을 유지해 주는 것이 퍼실리테이터이며, 과거, 현재, 미래를 다 성립하여 유연하고 밀접하게 친구 관계를 유지하고 있다고 하면 퍼실리테이터를 하고 있다는 것이다.

나의 삶 속에 스며들어 장착되어 있는 나의 퍼실리테이터 모습을….

기회와 경험을 준 부드러운 정현진 교수님께 감사합니다.

퍼실리테이터 3가지 태도 중 좋은 경청에 대해

강소나(기획팀장)

퍼실리테이터 자격과정을 이수하고, 각종 협의회와 토론회에 참여했을 때 전문퍼실리테이터로서

"어떻게 하면 퍼실리테이터의 역할을 잘 수행할 수 있을까?", "내가 자격이 있을까?"라는 나 자신에게 눌림이 심했던 것 같습니다.

무엇보다 현장 중심의 역량이 절실히 필요했지만, 참고문헌이 많지 않아 시간이 될 때마다 현장 체험을 많이 하려고 노력했습니다.

그래서 현장에 나갔을 때 세부적으로 어떻게 진행해야 하는지 막막한 분들을 위해 실제 사례를 바탕으로 실행하기 위한 여러 가지 방법 중 '퍼실리테이터전문가 양성과정'의 좋은 경청에 대한 수업 후기를 담아봤습니다.

여기서 잠깐! 퍼실리테이터의 행동 지침을 정의해 보면

퍼실리테이터의 행동 지침

1. 참여자의 의견을 존중한다. (틀리지 않고 서로 다를 뿐이다.)
2. 꼭 필요한 언행만 한다.
3. 참여자의 휴식시간을 보장하고, 시작 시각과 끝나는 시간을 정확히 지킨다.
4. 내가 주인공이 아니라 조력자가 된다.
5. 한 사람도 빠짐없이 전원 참여하게 한다.

수업 전 준비사항(좋은 환경을 만들자!)

1. 퍼실리테이터 의상은 깔끔하고, 신뢰감을 줄 수 있는 블랙&화이트로 통일
2. 적어도 1시간 전에 현장 도착
3. 좌석 테이블, 준비물 세팅
4. 참여자 환영하기
5. 테이블마다 5명씩 앉을 수 있도록 안내

1. 오프닝(Opening)

1) 본격적인 대화 이전에 대화 분위기를 편안하게 만들어 줄 수 있는 여담
   - "비가 왔다가 화창한 날씨여서 기분 좋아지는 날이에요.".
   - "최근 날씨가 정말 변덕스러워요. 여러분은 이런 날씨를 어떻게 대처하시나요? 저는…."….
   - "기분 좋은 하루에 함께할 수 있어서 기쁩니다.".
   - "새로운 대화의 시작이라서 설레는 아침입니다.".
   - "여러분과 대화를 나누는 것이 저에게 큰 기쁨입니다. 오늘도 유익하고 재미있는 시간".
2) 시작 시간을 정확히 지켜서 오프닝을 한다.
3) 진행자 소개, 보조 전문퍼실리리테이터 소개, 오늘의 일정 안내

2. 조별 퍼실리테이터 선출하기

- 모두 오른손을 들고 있다가 퍼실리테이터의 시작 신호와 함께 '사랑에 작대기'로 조별 퍼실리테이터 맡을 분을 가리킨다.
- 가장 많은 표를 얻은 참여자가 조별 퍼실리테이터가 된다.

3. 팀이름, 팀구호 정하기

- 각자1분 30초씩, 시간은 10분
- 포스트잇 한 장에 하나의 키워드 적기(굵은 네임펜으로 잘 보일 수 있게 크게 적기)
- 오른쪽부터 30초 동안 이유를 설명하기
- 다중 투표하기
- 가장 많은 표를 얻은 이름과 구호로 결정

4. 아이스브레이킹(마음열기, 라포형성) :

주제1 : "지금 나를 잘 표현할 수 있는 키워드는 무엇인가?"

(입론)

- 제한시간 5분
- 카드를 활용해서 테이블마다 한 세트씩 배치한다.
- 전지를 조별로 펼쳐놓는다.(조별 전지색 다르게 배치)
- 전지 위에 카드를 펼친다.
- 감정카드를 3장~5장 선택한다. (이때, 똑같은 단어를 쓰고 싶을 때는 포스트잇에 낱말 적기)
- 전지 중심으로 우선순위대로 나열한다.
- 나머지 카드는 정리한다.

(상호토론)

- 발언시간은 1분 30초
- 시간 체크는 조별 퍼실리테이터가 해준다.
- 돌아가면서 이야기를 공유한다.

· 결론부터 말하고, 근거나 효과는 구체적이고 개별적인 의견을 말할 수 있도록 한다.

· 퍼실리테이터는 참여자의 이야기가 지나치게 길 때는 요약한 내용을 요청한다.

(전체 공유)

- 전체 공유해 보는 시간을 갖는다.

(참여자 공유내용)

- 모두가 비슷한 감정을 느끼고 있고, 다른 테이블을 볼 수 있어 좋았다.
- 감정카드를 나열하는 것이 낯설고 어려웠지만, 질서 있게 자기 앞 중심으로 나열하고 우리에 감정을 표현하고 공유해 보니 좋았다.

5. 주제2 : "나는 어떻게 좋은 경청을 하고 있는지 나에게 경청 방법 (장·단점)"

(입론)

- 주제에 대해 5분 동안 본인의 생각을 정리하는 시간을 갖는다.
- 포스트잇 한 장에 하나의 키워드 적기
- 장, 단점 각각 최대 5개 적기
- 장점은 파란색 포스트잇에, 단점은 분홍색 포스트잇에 적기 (분류할 때 용이함)
- 우선순위대로 절지 위에 장, 단점 분류해서 나열하기

(상호토론)

- 발언 시간은 각자 2분씩
- 주제에 관한 이야기를 나눈다. ("나는 어떻게 좋은 경청을 하고 있는지 나에게 경청 방법 (장·단점)"
- 모호한 의견은 다시 질문하여 발언자에게 확인을 거친다. (임의로 다른 단어로 바꾸지 않는다.)

- 비슷한 의견끼리 그룹핑해서 전체를 포함하는 단어 하나를 찾아보고 제목을 붙여도 좋음

(전체 공유)

- 정리된 내용을 공유
- 모둠에서 논의된 내용 중 핵심적인 키워드를 중심으로 모둠 대표가 공유하는 시간 가지기

(조별 공유내용)

조별	장점	단점
1조	· 감정을 파악하고 긍정적으로 공감하며 경청	· 선입견을 가지고 경청 ('그건 좀', '그건 아니고')
2조	· 눈맞춤, 의미 파악하며 집중해서 경청	· 다른 사람의 입장에서 보지 않고 자신 안에 갇혀있음 · 너무 몰입해서 본질을 잃어버림
3조	· 공감, 열린 마음으로 경청,다시 물어주기	· 상대방을 무시하고 내가 하고 싶은 말만 한다. · 듣고 싶은 것만 듣는다.
4조	· 눈맞춤, 밝은 표정, 집중하며 경청	· "말"을 혼자서 독점한다. 이때, 어떻게 중재해야 할지 중점적으로 얘기함

(퍼실리테이터의 역할)

- 글로 쓴 의견은 모두가 보이는 곳에 붙일 수 있도록 안내
- 같은 글이라도 겹치지 않게 아래로 보이게 붙일 수 있도록 안내

여기서 잠깐! 말하기보다 중요한 좋은 경청의 힘! 3단계를 정의해 보면

좋은 경청의 힘! 3단계

1단계 : 귀 기울여 듣자.

- 다른 생각을 비우고 귀만 이용하여 온전히 상대방이 말할 때 바라보면서 집중하자.
- 존중받고 있음을 느낄 수 있게 인정하며 끼어들지 말자.
- 자신이 하고 싶은 말을 하는 것이 아니라, 무엇보다 상대방이 듣고 싶어 하는 것을 말할 수 있는 능력을 갖추자.

2단계 : 몸으로 듣자.

- 상대방의 감정을 살피며, 적절하게 리액션을 넣어 반응하자.
- 시선을 맞추고, 고개를 끄덕이고, 몸을 움직이자.
- 말의 내용과 일치하게, 타이밍을 맞춰서 감탄사를 보내자.

3단계 : 마음으로 듣자.

- 목표는 인정이다. 선입견이나 편견 없이 마음을 열고 듣자.
- 차이를 인정하고, 진심과 애정이 담긴 말을 하자.
- 일방적으로 이끄는 것이 아니라, 서로 공감하고 영향을 주며 변화하는 관계를 갖자.
- 사랑의 시작은 다른 사람의 필요를 자기 자신의 필요만큼 소중하게 여기기 시작할 때임을 알자.

6. 클로징(Closing, 성찰) : “내 마음에 와닿았던 키워드, 짧은 소감 공유”

(진행 방법)

- 서로를 조금 더 잘 볼 수 있도록 자리 배치를 큰 원 형태로 만든다.
- 이때, 테이블은 치우고 의자만 가지고 온다.
- 성찰에 시간으로 “내 마음에 와닿았던 키워드나 짧은 소감”을 공유하는 시간을 가진다.

- 발언시간은 마치는 시간을 감안해서 3분을 초과하지 않는다.
- 오른쪽부터 발언을 시작하고, 한 바퀴를 도는 방식을 시작한다.

(참여자 공유내용)

- 나와 의견이 다르더라도 존중하는 마음으로 한결같은 기준으로 대하겠다.
- 감정적이지 않고 한쪽으로 치우치지 않으려고 노력할 것이다.
- 교육받으면서 조금씩 변화된 나의 모습을 체험하는 소중한 시간이다.
- 매 차시 실습을 통해 존중과 경청을 잘하게 되었다.
- 교육을 통해서 나의 발견과 나의 성장이 되었던 수업이다.
- 모둠수업이 익숙하지 않았지만, 이야기를 주고받으면서 나 스스로가 정리되었고, 경청을 통해 소통 역할을 어떻게 잘할 수 있을지 답을 찾아가는 시간이었다.

(클로징 멘트)

- "상대방에게 따뜻하고 편안한 마음을 줄 수 있도록 '내가 환경이다' 생각하고, 다음 시간에도 더 좋은 환경을 만들겠습니다."…
- "오늘 함께한 시간은 모두에게 큰 의미가 있었습니다. 다음 수업 때 더욱 발전된 모습으로 만나 뵙길 기대합니다."
- "수업이 끝나면서 여러분께 고마움을 전하고 싶어요. 열심히 참여해 주셔서 정말 감사합니다.".
- "오늘 수업에서 함께 배운 것들을 실천해 보시고, 다음에 더 멋진 성과를 얻을 수 있도록 함께 노력해 봅시다."
- "오늘의 수업이 마무리되면서 여러분들에게 전하고 싶은 말씀은, 오늘도 함께해서 정말 행복했다는 것입니다. 다음 수업 때

더 다양한 지식을 나누어보겠습니다."

마지막으로 전문퍼실리테이터 활동을 하면서 경청을 통해 스스로 인지하지 못했던 부족한 나 자신을 알게 되는 배움의 시간이었습니다. 또한, 상황에 따라 유연하게 대처할 수 있는 여유가 생기니깐 참여자들에게 따뜻하고 편안한 마음으로 다가갈 수 있는 나를 발견할 수 있었습니다. 이처럼 경청은 나의 잠재력을 발견하고 함께 성장하는 필수 요건이라고 해도 과언이 아닌 것 같습니다.

오늘도 경청!

꼰대 강사, 퍼실리테이터 여정기

박정선

"나도 이렇게 할 거야."

"안 돼!"

"왜 안 돼? 넌 한다면서? 근데 난 왜 안 되는데?"

"너랑 나랑 같냐? 나는 돼도 너는 안 돼."

"완전 내로남불 쩌네."

"응, 나 그래. 못 들어봤냐? 내로남불 꼰대라고…. 그게 나야!"

부끄러워하지도 않고, 자기 자신을 '내로남불 꼰대'로 표현한 적이 있습니다. 다른 사람들의 의견은 받아들이지 못하면서, 자신의 의견은 고집하던 때의 제 모습입니다. 글을 쓰면서도 조금 부끄러운 마음이 드는군요.

이랬던 제가 지금은 타인의 의견을 존중합니다. 타인의 이야기를 경청합니다.

어떻게 이런 변화가 가능했냐고요? 아마도 '퍼실리테이션'과의 만남 덕분이지 않을까 생각하는데요. 지금부터 제 이야기를 좀 들어주시겠습니까?

그동안은 퍼실리테이터가 아니었습니다.

그해 여름은 저 자신에게 집중할 수가 없었습니다. 나는 어떤 생각을 하고 있으며, 무엇을 원하는지 흐리멍덩했습니다. 마치 어딘가 텅 비어버린 사람이 된 것 같았습니다.

'새로운 사람들을 좀 만나야겠다!'

늘 비슷한 일상이 반복되니, 잡념이 늘어나는 것 같았습니다.

'사람들을 새로 만난다면, 지금의 이 허한 마음이 어느 정도 채워지겠지.'

그랬습니다. 처음은 그저 사람을 만나기 위해 간 자리였습니다. '퍼실리테이션 기법'은 이미 어느 정도 알고 있다고 생각했고, 제겐 자격증도 버젓이 있었으니까요.

'나는 이미 강사이자 퍼실리테이터인걸?!'

그 당시 강의에서도 퍼실리테이션 기법을 활용하고 있었으니 더 자신감이 있었습니다.

참 이상합니다. 처음 보는 사람들이 제 말을 미소로 들어줍니다. 그들의 눈이 반짝반짝합니다.

'내 말이 이렇게 가치가 있었나?'

아니, 스스로 생각해봐도 별로 그런 거 같지는 않습니다.

"남자친구와 사이가 좋지 않아요. 요즘 저한테 소홀하길래 괘씸해서 시간을 가지자고 했더니, 얘가 정말로 시간을 보내네요? 앞으로 이 관계를 어떻게 해야 할지 고민 중입니다."

근황을 묻는 물음에 아마도 저렇게 대답했던 것 같습니다. 일주일이 지나면 다시 만날 분들이기는 하지만, 어쨌거나 첫 만남에 할법한 소리는 아니었습니다.

'뭐지? 나 왜 이래? 입술아! 왜 마음대로 막 움직여? 나 왜 이렇게 TMI(too much information)을 늘어놓고 있지?'

몇 가지 퍼실리테이션 활동을 하면서 깨달았습니다. 급속도로 마음을 열고 TMI를 늘어놓을 수 있었던 건, 그 어떤 말이라도 귀 기울여주는 퍼실리테이터가 여러 명이었기에 가능했다는 것을요.

저는 종종 괴짜 취급을 받습니다. 하는 말과 행동이 모두 일반적이지 않다고 평하는 사람들이 많습니다.

"참나~. 도대체 제 어느 부분이 독특하죠?"

"아니, 그걸 왜 모르죠?"

몰라서 물었는데, 왜 모르냐고 하니 답답합니다. 그럼 저는 도대체 어떻게 행동해야 하는 걸까요? 남들이 말하는 '독특한 모습'을 계속 유지해도 되는지 안 되는지도 헷갈립니다.

"정선 강사님은 본인의 이야기를 할 때 가장 즐거워 보여요. 사람들이 정선 강사님을 욕해도, 자기 이야기라면 그저 즐거워 보이니 진짜 신기해요."

만난 지 얼마 되지 않은 이가 저에게 해줬던 말입니다. 제가 관심받는 것을 좋아하고, 주도적인 대화를 좋아한다는 사실은 이미 알고 있었지만, 이렇게나 쉽게 읽힐 정도로 정도가 심했나 봅니다.

'경청'이 잘 안되는 사람이라는 사실은, 정현진 교수님의 퍼실리테이터 과정을 통해서 알았습니다. 다른 이들의 이야기를 들을 때면, 저는 속으로 계속해서 '이것과 관련해서 무슨 이야기를 하면 좋을까?'를 주로 생각했던 것 같습니다.

너무도 당연하지만, 퍼실리테이터 양성과정을 듣는 동안에는 저 혼자만 이야기할 수 없습니다. 이 많은 사람 중, 제가 유일한 주인공일 리도 없습니다. 저에게 퍼실리테이터 역할이 주어지면, 저는 제 생각을 멈추고 다른 참여자들의 이야기를 들어줘야 했습니다. 뿐만 아니라 수용하는 자세로 그들의 말을 정리해야 했습니다. 절로 '적극적인 경청'이 이뤄졌습니다.

듣기보다는 말을 하는데 익숙하던 제가, 적극적인 경청의 자세를 취하게 되는 점이 굉장히 신선했습니다. 처음에는 익숙하지 않았지만, 만난지 얼마 안 된 사람들끼리 속 깊은 이야기를 늘어놓는 것을 보며, '경청'의 힘과 '퍼실리테이터'의 역할을 생각하게 되었습니다.

우리는 어쩐지 다른 모임보다 더 빠르게 가까워지는 것 같습니다.

나의 새로운 모습 찾기

"내일 테이블 퍼실리테이터가 필요한데 시간 되시나요?"

정현진 교수님에게서 전화가 걸려 왔습니다.

"아! 교수님! 안녕하세요? 마침 시간이 됩니다."

"네! 실연의 아픔은 일로 극복해야죠. 혹시나 울적해 하고 있을까 봐 전화해봤어요. 그럼 내일 나오실래요?"

"네! 그럴게요. 감사합니다."

늘 강의로 퍼실리테이션을 풀다가, 테이블 퍼실리테이터로 처음 의뢰를 받았습니다. 처음으로 테이블 퍼실리테이터로 참여했던 그 날은 잊을 수가 없습니다. 정말로 신이 났거든요. 강의와는 또 다른 매력이 있었지요. 고등학생 간부들이 내놓는 의제들은 참으로 반짝반짝했고, 그들의 말을 경청하고, 정리하는 제 모습 역시 빛나고 있었습니다.

토론회를 다 마치고 나니, 단 한 명도 빼놓지 않고, 모두가 부쩍 가까워졌습니다.

'이 짧은 사이에 이토록 친밀감을 느끼다니!!' 다들 놀라워했습니다. 우리는 함께 기념사진도 찍었지요. 이대로 헤어지기가 너무나 아쉬웠거든요.

'퍼실리테이터가 이렇게나 재밌는 거였어? 지금까지 강사 활동에서 퍼실리테이션 기법이랍시고 내가 사용해 왔던 거랑은 매우 다르잖아?'

뿐만 아니었습니다. 정현진 교수님이 부탁하셔서 간 강의 현장에서, 저는 '답이 딱 정해져 있다고 생각했던 사진'이 다르게 해석되는 모습을 목격했습니다. 무언가 '퍼실리테이션'에 대해서 더 잘 알게 된 것 같은 느낌이었습니다.

일하면서 퍼실리테이션 활용하기

아마 누구라도 그럴 것입니다. 자신이 좋다고 느끼는 게 생기면 이를 적극적으로 활용해보고 싶어지는 마음이 드는 것. 저는 이전에도 '퍼실리테이션 기법'을 강의에 활용해왔다고 생각했지만, 정현진 교수님의 '퍼실리테이터 강사 양성과정'을 통해 다시 보니, 그동안은 그저 화려한 결과물을 내는데 지나지 않았다는 것을 깨달았습니다.

'이번에야말로 퍼실리테이션을 제대로 강의에 활용해봐야 하겠다.'

'친화력'은 제 강점 중 하나입니다. 하지만 강의 현장에서, 이 강점은 강의를 편하게 진행하는데 도움이 될 뿐, 교육생들에게 동기부여를 하고 변화를 도모하는 데 도움이 된다고 말하기는 어렵습니다. 또 생각해보면 모든 교육생이 제 친화력을 달가워했던 것도 아니었습니다. 저는 늘 제 자신이 가지고 있는 지식과 생각을 일방적으로 전달하기에 바쁜 강사였습니다.

빠른 시간에 마음의 문을 여는 경험을 안겨준 '퍼실리테이션'을 사용하면서, 친화력보다 교육생들의 생각을 끌어내는데 치중했고, 그들 스스로가 문제를 생각해보게 했습니다. 저절로 교육생들의 만족도 역시 높아졌습니다.

누구나 알다시피 현대사회는 원하기만 한다면, 수많은 정보를 찾고 익힐 수 있습니다. 그런 현대인들보다 더 높은 시각에서 강의를 진행하는 것에는 분명 한계가 있습니다. 일단 제 자신이 모든 교육생보다 똑똑하지도 않고요.

퍼실리테이션 기법을 활용해 강의를 하면서 좋아진 것은, 일방적으로 저 혼자 강의를 진행할 때보다 훨씬 더 좋은 의견을 많이 들을 수 있다는 점입니다.

대부분의 사람은 자기가 주도적으로 말할 때 자신의 영향력을 느끼고, 만족감을 느낍니다. 적극적으로 의견을 내기도 하고, 서로 경청하며 존중하는 과정속에서 즐거워합니다. 저 역시 교육생들이 즐거워하는 모습을 볼 때면, 마음속에 충만한 에너지가 느껴집니다.

'오늘 강의도 아주 좋았어!'라는 뿌듯함과 보람도 얻습니다. 이런 식으로 강의를 진행한 덕분에 저 역시 늘 배움의 시간을 가질 수 있지요.

생각을 유연하게!

이 글의 처음에 언급했던 것처럼, 타인의 생각은 받아들이지는 못하면서, 자기 생각은 끝까지 관철하는 사람이 저였습니다. 반은 장난, 반은 진담으로 "내로남불 꼰대가 바로 나야, 나!"라고 말하고 다녔습니다. 그럴 때마다 상대방들은 어이없어하면서도 웃어주었습니다. 불쾌한 기색은 없습니다. '이런 이기적인 모습조차 사람들이 잘 받아주는데! 심지어는 귀여워하는데, 왜 굳이 변해야 하지?'

그렇게 좁은 생각에 갇혀, 변화할 기회나 생각을 얻지 못한 채 살아가다 인생의 전환점처럼 진정한 '퍼실리테이션'을 만나게 된 것입니다.

이 만남 이후, 제 강의에서 이전에 없던 적극적인 경청을 하면서 저는 다른 사람들과 좀 더 깊숙한 대화가 가능해진 것 같습니다. 그것은 마치, 세계와 세계가 만나는 것 같은 느낌마저 듭니다. 예전에는 '나'라는 별을 중심으로 타인들이 행성처럼 존재하고 있는 느낌이었다면, 이제는 '나도 별, 저들도 별'입니다. 별들과의 대화는 동등합니다. '내가 원래 그런 사람이니 받아들여라!' 식의 불편한 고집이 없습니다. 그동안 저와 생각이 너무 다른 사람을 만날 때마다 전혀 수용하지 못했던 제 모습도 이제는 잘 알기에, 반성합니다. '어떻게 저런 생각을 할 수 있지? 진짜 이해할 수 없다. 저건 아니지.'라던 생각이, '그럴 수도 있지.'로 변화했습니다.

"아, 정말? 그럴 수도 있겠다."가 요즘 많이 쓰는 표현 중 하나가 되었습니다.

"이 정도 나이에, 이만큼 생각이 유연하기가 어려운데, 대단한 것 같아. 당신의 배울 점이라고 생각해."라는 말도 듣습니다. 이렇게 된 데에는 적극적인 경청의 힘이 컸다고 생각합니다. 그리고 이 적극적인 경청을 끌어낸 것이, 퍼실리테이터 경험입니다.

모두가 퍼실리테이터가 된다면!

늘 자기중심적으로 이야기하던 관종 수다쟁이는, 이제 남의 말을 귀하게 듣습니다. 말에 담긴 생각들이 저와 다를 때면 오히려 신선합니다.

그러나 아직 완성도 있는 변화를 이뤄냈다고 생각하지는 않습니다. 그저 지금도 더 나은 방향으로 가는, 변화 과정이라 생각합니다. 이런 삶이 오래 지속되고, 제가 무언가를 더 깨닫는다면, 저의 미래 역시 지금보다 더 긍정적이겠지요. 예전의 저는, 그저 자신에게만 빠져있었고, 볼 수 있는 세계가 굉장히 한정적이었습니다. 이제 저는 타인을 보고 듣고 느끼기에, 경험할 수 있는 세계가 훨씬 넓어졌습니다.

제가 이렇게 변화하는 게 가능했던 것처럼, 다른 이들도 가능할 겁니다. 그렇기에 저는 이런 변화를 안겨준 '퍼실리테이션'을 앞으로도 더 많이 활용해보려 합니다. 그러면, 어느 날 제가 '와! 이렇게 내 말을 귀 기울여 들어준다고?' '와! 사람들의 생각이 이렇게나 다를 수 있다고?'라고 느끼며 스스로 알을 깨부쉈던 것처럼, 그 누군가도 좁은 알에서 빠져나올 테니까요.

적극적인 경청이 일어나는 사회는, 갈등과 외로움이 적을 수밖에 없습니다. 모두가 원활하게 소통하고, 다른 사람의 말을 귀하게 듣는 사회를 위해서라도, 앞으로 계속해서 '제2, 제3의 퍼실리테이터가 등장하기를 바라고 있습니다.

어떠신가요?
지금, 이 순간부터, 퍼실리테이터가 되어보지 않으시겠습니까?

모든 의견은 소중하다, 퍼실리테이션과 교육철학

이기양

4년 전 겨울, 퍼실리테이션, 퍼실리테이터라는 개념에 대해 처음 접했다. 생각 도구를 전하는 퍼실리테이터를 양성하는 과정을 통해서였다. 논리적인 생각을 펼칠 수 있도록 돕는 과정에서 교육생들이 스스로 생각을 꺼내고 확장할 수 있도록 돕는 역할이 매우 흥미로웠다. '모든 의견은 소중하다'라는 퍼실리테이션의 기본 정신은 당시 인권 강의를 나가기 시작했던 나에게 교육의 기본 철학이 되어주었다.

퍼실리테이션을 알게 된 것은 20년 가까운 시간을 강사로 살았던 내가 교육자에서 촉진자로 변화하는 첫걸음이었다. 퍼실리테이션은 라틴어 'facilis'에서 유래된 단어로, 이는 '쉽게 만들다'라는 의미다. 그래서 퍼실리테이션은 글자 그대로 어떤 과정을 쉽게 만드는 것을 목표로 한다. 20년 가까이 교육자로 살아오면서, 교육이 단순한 지식의 전달이 아님을 잘 알고 있었다. 학습자 스스로 생각하고 알아가는 과정이 반드시 동반되어야 교육의 목표는 달성된다.

2019년까지 영어학원을 운영했다. 영어를 가르치는 일과 함께 아이들의 진로를 같이 고민하고, 아이들과 학부모의 소통이 원활하도록 돕는 것도 나의 일이었다. 처음부터 부모교육을 했던 건 아니다. 학생, 교사, 부모의 삼각형이 균형을 이룰 때 학습 효과는 극대화된다는 걸 알게 되고 시작한 일이었다.

강사는 전달하려는 내용을 효과적으로 전달하는 것이 목표라는 생각에서 '어떻게 하면 그들 스스로 변하려는 욕구가 생기게 할 수 있을까'를 고민하는 시간이 늘어났다. 동기부여 되지 않은 수업은 기대한 만큼의 효과가 나오지 않는다. 동기를 자극하는 가장 좋은 방법은 스스로 생각하고 해결하는 경험을 자주 하게 만들어주는 것이다.

수많은 아이를 만나고 진로교육을 하며 좋은 질문을 연구했다. 자기 삶을 고민하고 진로 계획을 세워 본 아이들은 교과 학습에서도 의욕을 보였다. 학생과 부모가 함께 생각을 나누고, 존중하는 과정에서 나오는 효과는 기대 이상이었다.

아이들 성적을 향상하기 위해 고안해 낸 학생+학부모 참여 교육에서 소통을 원활하게 하고 상호작용을 촉진하려 했던 다양한 시도들은 '퍼실리테이션'과 비슷한 모습을 하고 있었다. 생각을 던질 수 있는 질문을 던져 아이들이 생각하게 만들었고. 모르는 것을 스스로 찾아보고 생각해서 해결하게 만드는 과정이 재미있었다. 그리고 그 재미의 과정을 체계화한 '퍼실리테이션'이라는 정리된 기법을 만난 것은 강사로서 교육철학과 방향을 정립하는 계기가 되었다.

퍼실리테이터가 된 이후, 강의 현장에서 학생들에게 지식을 전달하는 역할에 학습 과정을 안내하고, 개개인이 자기 생각과 아이디어를 나누고 발전시키는 것을 돕는 역할을 더했다. 학습자가 스스로 생각하고 참여하는 교육은 교육 진행이 능동적이고, 스스로 동기 부여되는 효과가 있다. 교육의 성과도 점점 좋아지는 걸 알 수 있었다. 참여자가 스스로 변화하는 교육이 내가 해야 할 일이라는 생각이 더욱 확고해졌다.

많은 교육 현장과 그리고 특히 토론 현장에서 퍼실리테이터로서 짜릿함을 느낀다. 워크숍 퍼실리테이터로 참여하게 되면, 참가자들 사이의 대화를 조정하며 그들 스스로 해결책을 찾아내도록 돕는다. 주도적으로 지식을 전달하는 대신, 참가자들 스스로 문제를 해결해 나가는 과정에 필요한 질문을 던져주고, 필요한 정보나 도구를 제공하는 방식으로 상호작용한다.

참여자들은 자신들만의 방법으로 문제를 이해하고 해결책을 제시하는 것에 익숙하지 않다. 수동적으로 지식을 받아들이기만 하던 참여자들에게 스스로 생각하고 의견을 내야 하는 상황에 부닥치면 많은 어려움과 혼란을 겪게 된다. 떠오른 생각에 확신을 갖기 어렵고, 그 생각을 다른 사람들에게 전하는 것을 망설이게 된다.

퍼실리테이터는 생각을 자유롭게 표현할 수 있는 편안한 분위기를 만들고, 질문과 격려로 아이디어를 도출한다. 점차 참여자들은 이 새롭게 부여된 역할과 책임성에 익숙해지고, 그 결과 모든 구성원이 활발한 상호작용 속에서 생각을 나누고, 통합하고, 하나의 결과에 도달한다. 이러한 과정에서 서로 다른 견해와 아이디어를 존중하며 협력하는 방법을 배우고, 나아가 각자 개인적인 경험과 지식, 잠재력까지 발견하기도 한다.

퍼실리테이터로서의 역할은 참여자들의 학습 과정을 돕는 것뿐만 아니라, 그들의 개별적인 경험과 지식, 잠재력을 인정하고 존중하는 것이다. 퍼실리테이터의 경험이 쌓이면서, 다양한 사람들과 상호작용하며 그들의 생각과 견해를 이해하는 능력을 키워나가고 있다. 또한, 강사로서 단순히 지식을 전달하는 것보다 참여자들 스스로가 문제를 해결하고 아이디어를 발전시키는 과정에 참여하는 것에서 더 큰 만족감과 성취감을 느낀다.

학습은 개인적인 발견과 탐색의 과정이며 그 과정에서 서로 다른 사람들과 협력하고 상호작용하는 것이 중요하다. 참여자 모두에게 긍정적인 변화와 성장의 기회를 제공함으로써 퍼실리테이터인 나 또한 주도적인 참여와 상호 존중의 가치를 더욱 실감한다. 교육자는 '조력자'일 때 가장 빛난다.

퍼실리테이터가 된 후 교육자로서의 철학이 변화한 것 이상으로 의미 있는 것은 '삶의 변화'이다. 가정에서부터 교육 현장에서, 그리고 모든 장소에서 사람들과 소통하는 방식에 영향을 받았고 조금씩 변화했다. 강의와 삶이 일치할 때 강사는 더욱 자신감을 느끼고 자기 일을 사랑할 수 있다.

퍼실리테이션을 처음 접한 이후 2년이 지날 즈음 도서관에서 다시 한번 퍼실리테이터 양성과정을 듣게 되었다. 배움은 항상 성장을 이룬다고 했던가. 정현진 교수님과 다시 학습하게 된 퍼실리테이션 과정을 통해 퍼실리테이터의 역할과 마음가짐을 다시 한번 점검하게 되었고, 무엇보다 교육자로서의 생각뿐 아니라, 한 사람으로서 삶을 대하는 자세에 변화가 생기는 것을 느낄 수 있었다.

사람들과의 대화에서 그들의 생각을 그대로 인정하고 존중하는 자세가 생겼고, 특히 아이들을 대하는 방식에 변화가 생겼다. 가까운 관계일수록 걱정하고 잘 되길 바라는 마음이 내 생각을 강요한다고 한다. 가까운 사람과 나를 동일시하기 때문이다. 부모는 사랑한다는 이유로 답을 단정하고 지시하는 태도를 보이게 되면, 아이들은 자기 생각을 펼치기 어렵다. 아이들이 더 행복하길 바라는 마음에서 나오는 태도이지만, 스스로 문제 해결력을 갖도록 키우는데 도움이 되지 않는다.

퍼실리테이션의 가장 기본 정신은 '모든 의견은 옳다'이다. 내가 나이가 더 많으니까, 내가 엄마니까, 라는 생각은 아이들의 생각 발산을 방해할 뿐이다.

이제 그들의 의견과 생각을 더욱 존중하고 듣는다. 문제가 생겼을 때, 저는 아이들에게 어떻게 해결할 것인지 스스로 생각해보도록 시간을 주고 내 의견을 조금 보태어 본다. 받아들일지 결정은 아이들이 할 일이다. 이런 과정이 반복되면서 아이들의 스스로 문제를 해결해 나가는 경험을 하게 되었고, 그 결과 자기 삶에 관심을 두고 스스로 만들어 가려는 모습을 보인다.

퍼실리테이션은 사람들의 견해와 감정에 귀 기울이게 한다. 대학원에서 상담을 전공하면서 가장 어려웠던 부분이 '경청'이었다. 고민과 문제를 들으면서 떠오르는 해결 방법을 즉시 제시하지 않고, 공감하며 듣기란 쉬운 일이 아니다. 퍼실리테이터로서 참여자의 의견을 앞에 세우고 조력하는 경험이 쌓이면서, 내 의견을 제시하지 않고 온전히 경청하는 것에 익숙해질 수 있었고, 개인적인 관계에서도 소통에 균형이 생긴다는 느낌을 받게 되었다.

누군가에게 지나친 관심을 쏟고 경계를 침범하려는 사람들이 의

외로 많은 사회다. 불편하다. 모든 의견과 그 사람 자체를 존중하는 퍼실리테이션 정신이 필요하다. 나는 모든 사람의 삶을 존중하고 있는 그대로 인정한다. 모든 사람이 행복하길 바라고, 그들의 선택에는 이유가 있다고 생각한다. 그들에게 무슨 사연이 있는지 궁금하지 않고, 누군가가 나를 궁금해하는 것 또한 불편하다.

사람은 스스로 자기 삶을 만들어 낼 힘을 갖고 태어난다. 나의 의견이나 삶의 기준을 강요할 필요는 없다. 교육자를 포함한 모든 사람이 퍼실리테이션 기법을 배우고 삶에 적용하기를 바란다. 어떤 일을 하든, 어떤 삶을 살든 존중과 인정의 태도는 도움이 될 것이다. 자기 생각에 집중하고, 타인의 생각을 존중하는 삶의 태도를 가진다면 관계 안에서 더욱 행복한 삶을 살 수 있지 않을까?

사랑 없이 리더십이 없다

강둘이

8주간의 퍼실리테이터 교육을 통해 나와 너, 이웃을 만나는 좋은 기회를 얻게 되었습니다.

평소 대화에서 상대방의 말을 주의 깊게 듣고 반응을 잘해 준다고 생각했는데, 일상의 대화에서 침묵하고 싶은 맘, 침묵해 버리는 일이 생겼습니다. 이야기하면 안 되는 것들도 많기는 하지요. 정치 이야기, 종교적인 이야기, 자식 자랑 등 건드리면 안 되는 이야기도 있다고 하면서 아예 대화하지 않는 경우와는 다른 이야기입니다.

왜 이리 불편한 상태의 대화일까? 침묵만이 답이 아니지는 않은가? 들리기는 하지만 온전히 듣고 있지는 않아 뭔가 방법이 없을까 고민했는데, 이번 교육은 나를 들여다보고 나를 일깨우며 성장할 기회가 되었습니다.

"어서 오세요. 환영합니다."

무엇보다도 강사 선생님과 원장님이 반갑게 맞이해 주는 인사가 늘 우리를 기다리고 있어서 환영받는 느낌을 받았습니다. 연수 시간이 기다려지고, 다른 교육생을 만나 활동하는 시간이 무척 즐거웠습니다. 기초교육을 받게 해준 '울산 시민학사 민간기관연계형 지원사업'을 운영해 주신 URI 울산연구원 운영자님께 감사합니다. 그리고 우리를 한결같이 따뜻하게 맞아 주며 부드럽고, 그러나 단호하게 내적으로 막혀 있는 곳들을 뚫어 주신 강사님! 강사님이 강의할 때나 인사말을 할 때나 나지막하지만 심지 있는 친절함이 배어 있는 목소리 또한 강의 내용에 못지않은 배움이 되었습니다. 이 글을 쓰면서 다시 한번 배움을 주신 강사님께도 감사한 마음을 전해 올립니다.

교육장에 모인 분들은 열심히 공부하는 학생들이 되어 곧바로 학습활동 시간을 가졌습니다. 강사님이 열심히 강의하고 연수생은 듣고만 앉아 있는 연수받는 분위기가 아니었습니다. 누구 한 사람도 소외됨 없이 모두 자신의 과제를 파악하고 전체의 흐름 중에 배움을 얻어가니, 과연 전체를 이끌어가는 퍼실리테이터의 능력에 놀랐습니다. 우리는 마음이 열리고 닫히고, 요약을 잘하고, 말을 잘하고 못하고, 다 다른 상황들이지만 각 개인은 모두 각자의 학습활동에 진지하게 참여하고 있던 것이었습니다. 어울려 공부를 하니 학습의 즐거움을 맛보는 귀한 시간도 되었습니다. 첫 만남은 그룹별로 활동하면서 분위기의 어색함, 낯설어 꺼내기 힘든 이러한 감정의 터널을 서서히 빠져나올 수 있는 자기소개의 시간이자 바로 퍼실리테이터의 첫 활동으로 시작되었습니다. 별칭은? 존경하는 인물은? 하고 싶은 일은? 이 교육을 통해 어떤 리더가 되고 싶은가? 목적을 정하여 서로 나눔 활동하였습니다. 서로의 별칭을 지어주기도 하고 내용을 나누는 과정에서 발표하기까지 벌써 한 프로그램이 지나가면서 우리는 이미 한 걸음씩 배움에 접어들고 있었습니다. 배움을 통한 공부! 학습자 중심의 수업이 이곳에서 소그룹별, 중 그룹별, 그리고 전체적인 활동과 발표를 통해 이루어졌습니다. 지식만 습득하는 것이 아니라 그 활동 속에서 앎을 터득하게 하여 모두가 배우는 시간이 되었습니다. 그룹 활동 시간, 그룹 속에서 개별 발표 시간, 전체 활동 중 퍼실리테이터의 발표 시간이 계속 분 단위로 주어졌습니다. 첫날에는 활동 과제의 성공적인 경험에 집중한 우리에게 그 과제를 주어진 시간 안에 어떻게 이끌어 나가는가? 어떻게 상대방의 의견을 경청하는가? 하는 과정별 활동이 중요하다는 것을 강의가 마무리될 때 강사님의 코칭으로 우리는 알게 되었습니다.

퍼실리테이터의 태도 3가지는 좋은 경청, 세련된 발표, 매력적인 중재자라고 합니다.

좋은 경청이라? 경청은 말 그대로 듣는 활동인데 좋은 듣기란 무엇을 말하는가? 수업이 진행될수록 그동안 나의 삶에서 더욱 가까운 배우자, 친한 사람들 사이에서조차 나의 경청 방법에 문제점을 알았습니다. 다른 사람의 의견이나 감정을 잘 파악하고, "응. 그래, 맞아" 등 비 지시적 언어도 사용했고, 고개를 끄덕였고, 충분히 공감했는데 왜 나는 대화의 깊은 즐거움을 느끼지 못하고 때로는 침묵을 선택했을까? 그 의문점에 대한 궁금증의 실마리를 잡았습니다. 바로 그것은 '질문을 잘하고 있었나?' 하는 것이었습니다. '밥 먹었나 안 먹었나, 숙제는 했나 하지 않았나?' 참으로 꽉 막힌 질문에 지시적이고 권위적인 물음에 길들어 있었음을….

일주일 동안 생활 가운데서 개인의 성장, 조직의 발전, 세상의 변화를 촉진하는 퍼실리테이터가 되기 위한 과제는 '주변의 사람에게 질문해 보기'였습니다. 취미 생활을 즐기러 외출 나가서 저녁 시간에 들어오지 않는 남편에게 전화를 해 봅니다. "언제 와요?", "저녁 먹고 와요?" 이 말을 듣는 남편은 어떤 답을 할 수 있을까? 전화하지 않는 편이 더 좋다는 대답이었습니다. "언제 와요?" 이 질문 속에는 아직도 밖에 있어요? 집에 일찍 들어오라는 암묵적인 강요도 포함되어 있을 수 있습니다. 상황에 따라 다르지만, 저녁 식사 시간이 되어도 아무 말 없이 들어오지 않는 상황이라면 언제 오느냐는 말속에는 많은 말을 생략한 체 이미 답을 정해놓고 질문의 형식을 빌려 말을 하는 것이지요. 비난하는 질문을 했지요. 물음표만 붙였지, 사실은 내가 하고 싶은 방향으로 강요하는 말을 했지요. 그렇다면 상대방을 존중하고 지지하는 질문은 어떻게 해야 할까요? '질문의 중요성'이 일주일 내내 아니 연수가 이어지는 동안에 나에게는 중요한 주제가 되었고 나의 문제를 들여다보는 즐거운 고민이었습니다.

"한 사람이 환경이다. 내가 있는 곳이 환경이다." 나는 이것을 생각해 본 적이 있었는가?

'가정환경이 어떠어떠해서, 가정환경으로 인해' 이와 같은 환경이란 말을 가정과 묶어서 생각했지 내가 바로 환경이라고 따로 떼어 생각하지 않았던 것 같았습니다. 내가 환경이고 내 마음 밭이 환경이라면 나는 내 가정 내 이웃 내 직장에 어떤 환경이 되었으며, 어떤 열매를 거두었는가? 이 부분을 연수 활동에 참여하면서 나를 들여다보면서 질문하기 과제를 생각했습니다. 물음표는 있지만 정해진 답으로 끌고 가려는 경향성을 가진 대화법으로 소통이란 걸 했으니 남편은 참 불편했겠네요. 이 사실을 인지하고 내 질문이 상대방을 배려하지 않은 일방적인 명령이 의문형의 옷을 입었을 뿐이었음을….

이제야 알아차린 경청의 중요성. 그 안에 존중과 사랑이 없으면, 있는 그대로의 상대방을 인정하지 않으면 물음표는 "예, 아니요"라는 한 마디로 돌아온다는 것을 경험했으니 이제 이후로는 연수 과정을 통해 정감 있는 대화로 가자! 강사님의 강의는 시간이 지날수록 무르익어 가고 있었습니다. 기초과정일 뿐인데 이론적인 것을 먼저 설명하지도 않았는데….

그것이 아니었습니다. 8회차까지 하나하나의 퍼실리테이터의 기법을 익혀가면 '나의 중심을 찾아간다'라는 말이 시간이 지나면서 가치를 발휘하기 시작했습니다. 이 부분에서 퍼실리테이터의 태도인 매력적인 중재자란 키워드가 떠오릅니다. 맞아 내 의견과 다르다고 해서 상대가 그르고 내가 옳은 것은 아니지. 그렇습니다. 내가 불편해하면서 침묵하게 되는 상태에서 나는 내가 이기려고 했고, 내가 바르다고 생각하고 있었기에 상대방을 존중하는 마음이 적거나 없었던 것이지요. 그리고 내가 옳으니 내 생각이나 감정에 맞추어 추임새를 넣거나 반응을 하는 것에 맞추어 경청을 잘한다고 생각하게 된 것이지만 실제로 불편한 상황이 생기면 피하는 마음으로 침묵했던 것이지요.

연수는 회기마다 퍼실리테이션 프로세서의 구성인 입론, 상호토론, 전체 공유 활동이 반복되었습니다.

한 과정 한 과정이 반짝이는 별 같았습니다. 매주 다음 회기를 하기까지 한 가지씩의 과제를 주고 그 과제를 실천한 사람이 다음 회기에 발표도 했습니다. 먼저 발표하거나 손을 든 사람에게는 강사님께서 사랑과 정성을 가득 담은 선물을 주었습니다. 나도 발표를 하게 되어 예쁜 립스틱을 선물로 받았습니다. 나도 모르게 어린아이가 된 기분으로 즐거워졌습니다. 선물은 사람을 기쁘게 하네요. 정성을 담아서 주는 선물 주기도 퍼실리테이터 연수의 한 부분으로 배웠습니다.

옳음보다 친절함을 선택해 볼까요?

이 새로운 과제는 내게 정말 매력적이었습니다. 나도 웬만큼 친절한 사람이었는데 왜 남편이 늘 내게 친절하지 않은가 하는 말을 마음속으로 중얼거렸습니다. 아이, 친절하지 않네요. 정말 친절하지 않았습니다. 그는 화를 내었습니다. 이러한 사람과 살아가는 나는 힘이 듭니다. 속으로 중얼거린 말들을 적어보았더니 이 연수를 받기 전에는 이것이 정답인가 했는데 8회기 가까이 갈수록 친절하지 않은 환경을 가진 사람은 바로 나였습니다. 내가 과연 나의 중심을 가지고 있기는 했나? 내가 왜 나한테조차 친절하지 않으면서 남편이 친절하지 않다고 생각하며 그를 판단했는가를 생각하게 되었습니다. 8회기를 하면서 하나라도 실천해 좋은 습관을 만들어 소통의 전문가가 되기 위한 시간이 다음 회기를 기다리게 했습니다. 그래! 옳고 그름을 따질 때가 아니었네요. 이번에도 남편에게 이 과제를 실천해 보기로 합니다.

그래! 옳음보다 친절함을 선택하기로 하면서, 작은 실천이 반복되면 좋은 습관으로 이어질 것을 기대하며, 마침 남편의 일을 도울 수 있는 일이 생겼습니다. 일회적인 노래 교실을 열게 된 남편을 위해 나의 의견으로 악보를 화면에 띄웠을 때, 그 악보를 보는 사람이 불편할 것 같아 크기를 키웠으면 좋겠다고 하였습니다. 스피커와 마이크는 이미 행사장에 있는데 왜 가져가야 하는가? 짐이 무거운데 등등의 조력이자 간섭이 이어지고 있는 것을 알아차렸습니다. 알아차림이 일어나는 순간 나는 내 생각을 말로 표현하고는 있었지만, 이미 그가 하는 대로 보고 있었으며, 그 행사를 위해 떡을 준비해 주고, 그의 선택을 존중해 주었습니다.

그리고 행사를 진행하는 남편을 유심히 보니, 노래 교실을 잘 운영하며, 말도 친절하고 부드러웠습니다. 멀리서 보는 남편, 처음으로 멀리서, 저 멀리서 남편을 바라봤습니다.

그래서 나는 옳음보다 친절함을 선택하였습니다. 그 뒤에 나는 남편이 지휘하는 성가대에 들어갔습니다. 그리고 지역행사에 성가대 단원이 노래 부르는 행사를 하는데 나도 같이 노래를 불렀습니다. 우린 어느새 같은 동아리 회원이 된 것이었습니다.

"잘했어, 그래 그도 잘했어, 우린 서로 잘했어."

부모를 이겨 먹는 아이들이 리더가 된다는 말을 공감하면서, 강사님의 강의 중 자녀에게 환대하며 자녀를 존중해 주었던 이야기에 깊이 공감하며 감명 깊게 들었습니다.

자녀를 양육할 때 유아기까지는 눈을 맞추어 주고, '까꿍 까꿍'하면서 아이를 눈에 넣어도 아프지 않을 것 같이 어르고, 사랑하며 예뻐합니다. 그러다가 아이가 자아의식이 싹트면서 자기주장을 내세우며 말을 듣지 않는다고 일관성 없이 화를 내거나 아이를 야단치면서 아이와 대립하게 될 때 어느새 미운 7살이니 하면서 아이를 다그치는 어른 보육자들의 깊은 고민을 누구나 가질 수 있습니다. 부모를 이겨 먹을까 봐, 버릇이 나빠지거나 평판이 나쁠까 봐, 내 자녀를 올바르게 가르쳐야 한다면서 야단치는 어른이 강의를 통해 자녀를 존중하는 리더십을 배웠으면 좋겠습니다. 아이를 반듯하게 키우는데 조력자로서 저도 아이들에게 자녀를 존중해 주는 인사를 먼저 합니다. 우리 집으로 들어오는 아이들에게 하던 일을 멈추고 현관으로 얼른 나가며 "어서 와요, 환영합니다." 어른들과 아이들이 함께 합니다. 아이들은 등으로 배운다고 합니다. 그대로 배웁니다.

'나의 중심을 찾아간다"는 퍼실리테이터 전문가양성 교육 연수 수료는 이제 시작입니다.

나의 중심을 찾아가는 성장프로그램을 만나 배우고 익히며 성장하니 즐거웠고 보람을 느낍니다. 퍼실리테이션 연수는 우리 아이들이, 우리 사회가 소통하고 성장해 나가야 할 과제이었던 것이었습니다. 존중하는 마음 없이 친절이 없고, 사랑하는 마음 없이 결코 올바른 리더십을 갖는 경우는 있을 수 없는 것이었습니다.

Facilitation 전문가양성 기초과정 수업 참여 후기

안수민

Facilitation, Facilitator

처음 접했을 때 발음조차 생소했던 이 단어들이 지금은 삶의 지표가 되어 인생의 방향을 바꾸어주고 있습니다. 나는 누구를 조력해야 할까? 과연 나는 누군가를 조력할 수는 있는 역량을 가진 사람인가? 에서부터 출발해 조력의 의미를 알아갈수록 퍼실리테이션에 대한 매력을 느낄 수 있었습니다. 토론회나 어떤 회의 등에서 모인 사람들의 목적이 좋은 해결책을 도출해 내는 것이라고 한다면, 퍼실리테이터는 그 팀에서 다른 사람들에 대한 올바른 이해, 소통을 끌어내는 중심에 있는 아주 중요한 사람이라고 생각합니다, 단순히 조력자로서뿐만 아니라, 나에게서부터 출발한 학습이 나포함 여러 사람에게 좋은 영향을 끼치는 것입니다. 수업 때마다 늘 강조하며 훈련했던 좋은 경청, 매력적 중재, 세련된 발표, 이 세 가지 자세가 일상에서도 얼마나 중요하게 작용하는지 여러 수업을 통해 충분히 알 수 있었고, 차츰 그것들을 제대로 갖추어 가면서 달라진 나를 발견하게 되었습니다. 퍼실리테이터 이전의 나와 현재의 내가 확연히 구분될 정도로 삶에 많은 영향을 주었습니다.

퍼실리테이션을 접한 후 몇 번의 토론회와 몇 번의 수업을 참여함으로써 나의 살아온 방식과 태도를 고찰할 기회를 만날 수가 있었습니다. 무엇보다 제일 기억에 남은 수업은 울산에서의 〈퍼실리테이션 전문가양성 기초과정〉이었습니다. 수업의 내용과 수업이 어떤 형태로 진행이 되며, 어떠한 결과를 끌어냈는가에 대해서 자세히 말해보고자 합니다. 수업은 퍼실리테이션의 기법, 퍼실리테이터로서의 자세와 덕목, 다양한 주제에 따른 토론 실습 등 총 8차시로 이루어져 있습니다. 그중 소개할 수업은 나를 주체로 한 질문, 독려, 성찰에 관한 토론 실습수업입니다.

나는 얼마나 질문하는가 / 나는 얼마나 독려하는가 / 나는 얼마나 성찰하는가 등 주어진 질문에 대해 각각 생각해본 후 포스트잇에 적어 퍼실리테이터 진행에 따라 발표하고 공유, 상호토론하는 수업이었습니다. 좋은 퍼실리테이터란 나를 먼저 관찰하고, 나에 대해 재조명하는 것에서부터 출발한다는 것을 깨닫게 하는 수업이기도 했습니다. 평소에는 쉽게 접할 수 없는, 다소 철학적인 내용에 가까워서인지 수강하는 선생님들도 다소 난감해하였지만, 질문내용에 대한 피드백을 통해 본인에게 맞는 답을 찾아갈 수 있었습니다. 답을 찾아가는 과정이 내가 나를 어떻게 바라보고 있는지에 대한 자기 정리의 시간이기도 했습니다. 수업은 4모둠으로 나누어 진행되며, 각 모둠당 4명의 선생님이 함께 토론을 진행합니다. 토론은 입론, 상호토론, 전체 공유의 순서로 진행됩니다. 토론에 있어서 포스트잇의 사용은 아주 중요합니다. 포스트잇 한 장에 한가지 내용만을 크게 키워드로 작성해야 합니다. 우선 본 토론에 앞서 모둠별 각 퍼실리테이터를 지정합니다.

입론-세 가지 질문에 대해 각자의 생각을 포스트잇 한 장에 키워드 중심으로 하나의 내용을 적어, 테이블 위의 전지에 서로가 알아보기 쉽게 붙입니다. 이후 미리 정해둔 각 모둠 퍼실의 진행에 따라 순서대로 각자의 내용을 발표합니다. 정해진 시간(1분 30초) 안에 키워드 중심으로 간략하게 발표하며, 발표할 때 자기주장에 집중하되, 상대방의 발언할 때는 경청합니다.

상호토론 - 입론 내용 중에 추가할 사항을 발표하거나 입론 내용에 관한 질문, 응답을 할 수 있습니다. 주장과 반박이 자유롭게 이루어지나, 반대 개념의 의견보다는 또 다른 하나의 의견으로 발표하도록 합니다. 빅마우스에 대한 적절한 제재도 필요하며, 상대방의 의견 비방이 발언의 목적이 되지 않도록 주의를 기울여야 합니다. 모둠별 토론 후, 기존 4개의 모둠을 2개의 모둠으로 재배치하여, 두 모둠의 포스트잇 내용을 통합하여 키워드 중심 주제별로 나누어봅니다. 주제별로 포스트잇을 분류 후 2개의 모둠이 각각 상호 토론을 진행합니다. 포스트잇을 분류할 때, 상대방의 내용을 다른 주제로 재배치하고자 할 때는 그 상대방에게 충분한 동의를 얻어야 합니다. 재분류할 때는 상대방의 의견에 대한 존중이 바탕이 되어야 합니다.

전체 공유 - 2개의 모둠을 통합하여 전체 내용을 공유하고 통합하여 재분류 후 전체 토론을 진행합니다. 발언을 원할 시에는 손을 들어 발언의 기회를 얻도록 합니다. 전체 퍼실리테이터는 토론의 범위를 벗어난 주장이 있을 경우, 질문을 통해 현재의 주제안으로 유도하여야 합니다. 전체 토론의 과정에 있어서 전체가 하나가 되어 서로의 의견을 경청하고 이해하며 공감하는 모습이야말로 미래 퍼실리테이터로서 한 걸음 더 나아가는 단계라고 생각합니다.

1. 나는 얼마나 질문하는가 - 선생님들의 대부분은 질문하는 자체가 어렵고, 질문을 할 수 있는 기회가 그다지 많지 않다고 합니다. 질문을 하게 되더라도, 대체로 나 위주의 질문이거나 지시형 질문, 답을 정해놓은 닫힌 질문에 한정되었습니다. 나의 관심 분야에 한정

된 질문, 또한 자신이 옳다는 것을 증명하기 위한, 나만의 틀 안에서의 질문으로 사람들에게 인정받고 싶어 하는 마음이 컸습니다. 좋은 질문을 하기 위해선 주위 사람들에 관한 관심과 그 사람들의 이야기를 경청하는 태도가 중요합니다. 질문은 단지 모르는 것에 대한 해답을 찾는 것이 아니라, 상대방에 대한 이해가 전제되어야 하며, 질문을 주고받는 자체가 즐거운 소통으로 연결이 되어야 한다고 생각합니다. 수업중 토론 때 각 모둠의 퍼실리테이터의 활동을 지켜보면서 자유롭게 질문할 수 있는 분위기를 만드는 것 또한 중요하다는 걸 알게 되었습니다.

2. 나는 얼마나 독려하는가 - 저 포함 선생님들은 때론 공감하지 못한 채 형식적인 독려에 그칠 때가 많다고 합니다. 상대방의 상황에 따른 단순히 해결 방법 제안에 그치는 경우가 많습니다. 독려는 용기나 의욕이 솟아날 수 있게 북돋아 주는 것입니다. 누군가에게 독려받는다는 것은 새로운 힘을 얻는 것과 마찬가지이므로, 무엇보다 상대방을 진정으로 공감하는 마음이 우선되어야 합니다. 공감에서 시작되는 독려야말로 상대방에게 더 진정성 있게 다가갈 수 있습니다. 상대방의 이야기를 경청하며, 공감의 긍정적인 말이 더해진다면 더 큰 응원의 마음이 된다는 것 또한 알게 되었습니다. 토론이 진행되어감에 따라 선생님들이 상대의 이야기에 집중하며 서로의 말에 공감하는 말과 제스처를 듣고 보면서, 이러한 사소한 행동들 또한 서로를 독려하는 것으로 생각했습니다.

3. 나는 얼마나 성찰하는가 - 일상을 살면서 나를 되돌아보는 시간이 얼마나 될까, 선생님들의 대부분은 무엇이 잘못되었는가에 대한 자기반성으로 끝나는 적이 많다고 합니다. 단순히 self-focus 형

태의 후회와 반성의 성찰을 하기보다, 우선 나의 주변을 끊임없이 관찰하고 살피는 일이 중요합니다. 성찰이야말로 나를 한 단계 도약시키는 위한 발판이므로 긍정적인 마음가짐으로 나를 인정하는 마음이 필요합니다. 나를 잘 관찰하고, 내가 속해있는 상황을 인지하며, 제대로 된 내가 되기 위해 갖춰야 할 덕목들에 대해 생각하는 것이 진정한 성찰의 의미라고 할 수 있습니다. 그러한 덕목들이야말로 퍼실리테이터가 갖추어야 할 중요한 핵심역량일 것입니다.

수업 후 선생님들은 다소 어려운 수업이었지만, 나를 되돌아볼 수 있는 좋은 계기가 된 수업이었다고 합니다. 퍼실리테이션 전문가과정 수업이었기에, 각자가 퍼실리테이터의 자세로 서로의 생각과 의견을 발표하며 공유하며 토론할 수 있었다고 생각합니다. 이 외에도 다양한 주제의 수업들이 많지만. 이번 수업이야말로 퍼실리테이터로서 갖춰야 할 기본 요소이자 꼭 필요한 주제라고 생각합니다.

하루 2시간의 수업으로 전부를 다 파악하고 실행할 수는 없겠지만, 좋은 출발점을 찾게 해준 아주 유익한 수업이었습니다. 선생님들의 진지하고 적극적인 수업 참여로 이루어진 결과이어서 협력의 의미 또한 알 수 있었습니다.

무엇보다 수업 내내 제일 중요하다고 생각했던 것은 경청입니다.

토론할 때 좋은 경청이란, 상대방의 주장을 있는 그대로 들어주고, 상대가 하고 싶은 말을 할 수 있게 하는 것입니다. 또한 좋은 경청은 세련된 발표를 끌어내고, 토론의 흐름을 매력적으로 만들 수 있습니다. 세련된 발표는 자신이 하고 싶은 말을 하는 것이 아니라 세상이 듣고 싶은 말을 할 수 있는 능력이므로, 많은 경청의 경험이 필요합니다.

경청해야 좋은 질문을 할 수 있고, 좋은 경청은 진정한 공감을 끌어내고, 타인의 말에 귀를 기울이면 나 자신을 되돌아볼 수 있는 좋은 계기가 됩니다. 듣는 말의 양과 질을 따지기 전에 보다 많은 경청의 경험이 중요한 이유이기도 합니다. 경청을 기반으로 한 질문, 독려, 성찰 이 세 가지를 실천해 본다면 더 나은 삶의 방향을 찾을 수 있다고 생각합니다.

총 8차시 동안 퍼실리테이션의 다양한 주제로 수업을 진행하면서, 서로 다른 생각들을 인정하고 존중하는 마음을 경험하고, 타인을 대하는 올바른 자세와 태도를 배웠습니다. 퍼실리테이터로서 타인의 생각을 올바르게 수용할 줄 아는 마음가짐을 장착하고, 여러 방면으로 배움을 활용해야겠습니다. 퍼실리테이터로 살아가고 있는 삶은 인생의 완성으로 가는 길이라고 해도 과언이 아닐 것입니다. 토론의 경험이 점차 쌓여가고 매회 수업이 진행될 때마다 한 단계씩 나아가고 발전하는 나를 볼 수 있었습니다.

토론 때 조력자로서뿐만 아니라 나와 타인의 조력자로서 더욱 힘을 실어야겠습니다.

결핍의 해결사 퍼실리테이션

이서미

네임텐트, 다섯 명의 닉네임이 책상 위에 나란히 놓여있었습니다. 두려움이라는 주제와 함께 타인과의 첫 만남이 시작되었지요. 오래도록 만난 인연처럼 자연스러움과 익숙함으로 하루를 여는 시간이 되었습니다. 이 자리에 오기까지 나의 마음을 움직이는 바람이었습니다.

퍼실리테이션이라는 플랫폼이 나를 여기로 인도한 것이지요. '삶이 그대를 속일지라도 슬퍼하거나 노하지 말라.' 어느 시인의 한 문장을 역으로 바꾸면 나의 지론이지만 사람과 만남이 힘들다면 소통의 도구인 퍼실리테이터가 돼라. 진정 슬퍼하는 삶이 아닌 가치를 창조해 내는 삶, 타인에게 소통의 창구가 될 프레젠테이션 기법 중, 하나의 도구이지만 다양하게, 유창하게, 독창적으로 정교하게 구체화할 수 있다고 확신하는 시간이었습니다.

몇 해 전 장학사님께서 주관하는 북 퍼실리테이션의 자격을 갖추었습니다. 정현진 교수님의 퍼실리테이션 액션러닝 교수법을 알아가고 연구해 보면서 적용 점이 무엇이 있는지 만나고 싶었습니다. '두드려라 열릴 것이다.' '구하는 자에게 주실 것이다'라는 성경 구절을 차용하면서 기다렸습니다. 그렇게 시간이 지났습니다. 열릴 것을 기대하며 두드리고 찾을 수 있는 간절한 소망이 이루어질 것이라는 믿음과 함께, 또한 막연한 기다림이기도 하였습니다. 어느 통로를 통해서 만날 수 있을까? 바쁜 일상에서 나의 두뇌는 한쪽에 있는 뇌 속 컨테이너에 단단히 고정해 놨었지요. 나의 바람이 이루어지는 순간이었습니다. SNS를 통해서 정현진 교수님을 만났습니다. 무엇이 나를 이토록 열망하게 했는가, 도전과 호기심은 나의 지적 팽창뿐 아니라 단단한 마음 근력을 만들어주기도 했습니다. 퍼실리테이터라는 첫 삽은 열망이었습니다. 두 번째는 기다림이었습니다.

무엇을 어떻게 왜, 적용하고 실천할 것인가에 대한 물음은 없었습니다. 단지 나의 결핍이 끌어당김의 법칙을 적용할 뿐이었습니다. 새로움의 도전, 새로운 에너지는 나를 더욱 퍼실리테이터로서의 자격이라는 끌어당김, 즉 정현정 교수님의 에너지가 저를 끌어당겼을 것으로 생각하였습니다. 정확한 개념을 잡고 방향성과 목적을 알아야 사람을 움직이고 도와주며, 지지와 인정으로 이끌어 줄 수 있는 퍼실리테이터 촉진자가 될 수 있다는 생각으로 무조건 등록하였습니다.

"역시, 잘했어. 나의 판단은 굿이야." 첫 만남부터 긴장과 호기심 약간의 동조와 흥분은 결핍된 부족분을 채워주기 바빴습니다. 정현진 교수님이 주도하는 프로그램의 묘한 이끎은, 계속 끄덕거림으로 이어졌고 나의 비언어를 조장하였습니다.

프로그램의 첫 번째 순서는 강사에게 가장 중요한 키워드 3가지. 두려움과 직면하기. 입론하기. 그룹 핑. 핵심 키워드 찾기였습니다. 도입 부분에서 학습자들이 가지고 있는 다양성과 각자의 두려움에 관한 주제로 토론을 하였습니다. 까탈스럽다고 할까 봐. 인정받지 못할까 봐, 상처받을까 봐, 평가받을까 봐, 건강하지 못할까 봐, 노

후에 없어 보일까 봐, 선택을 후회할까 봐. 등 다양한 생각들을 쏟아 내었습니다.

참가자들 모두 다른 발표자의 말에 경청하며 긍정적 피드백과 공감, 함께한다는 라포르가 이루어지면서 편안한 관계가 이루어질 수 있어 더욱 좋았습니다. 신뢰하는 팀워크가 형성될 수 있다는 것이 얼마나 감사한지 몰랐습니다. 자신을 알아차릴 수 있는 성숙한 태도 또한 중요합니다. 타인의 말에 공감하고 경청했다면. 자신을 돌아볼 수 있는 시간도 마련했습니다. 퍼실리테이터에게 있어서 매우 중요한 사실은 먼저 나의 메타인지를 높이며, 성찰할 수 있는 역량을 갖춰야 한다는 것을 알게 되었습니다. 참여자들이 모두 행복해하는 순간에도 여전히 채우기에 급급하기도 했던 기억에 조금은 후회가 되기도 합니다. 그 시간 충실하지 못했던 태도와 자세를 다시 한번 가다듬고 있습니다. 빈틈을 공략한 나의 채움과 비움은 나의 결핍을 한 겹, 한 겹. 점과 선들이 만나서 이으므로 채워지고 있었습니다.

퍼실리테이션의 정의와 필요성 과정을 이수한 수강생들의 폭풍 감동 후기는 교수님의 강의를 다시 요청하였고, 필요적절한 욕구를 채워나갔습니다.

마지막 인터뷰 시간을 가지며 서로의 평가 시간을 가졌습니다. 마중물님께서는 "자격 과정, 심화 과정을 만들어 보고 싶다"라고 제안하였습니다. 안전지킴이님은 "차분한 진행, 또렷한 발음, 전문성이 드러납니다."라는 평가하였고, 능력자님은 "입문 강의가 아니라 실패할 수 있는 환경을 만들어주셔서 현장에서 덜 당황할 것 같습니다. 교수님의 질문이 폐쇄적인 것이 아니라 저에게 열린 질문이라

당혹스러웠지만 퍼실리테이터로서의 창의적 질문법을 익힐 수 있습니다." 긍정적인 자신의 의견을 말했습니다. 밝은 미소님은 "퍼실리테이터는 종합적으로 이끌어가는 능력이 필요하다는 것을 알게 되었습니다. 실습 후 이론 수업과 실습을 하면서 의문점을 알 수 있는 기회가 되었으며, 교수님의 내공이 느껴집니다." 모두가 훈훈한 후기로 인해 퍼실리테이터가 가지는 강점과 약점 방해 요소들이 무엇인지 파악할 수 있는 역량을 체험하며 의미와 가치를 만들어 내는 소중한 날이었습니다.

학습자 참여를 이끌어 주는 촉진자로서 도구와 기술도 사용하지만, 모든 사람의 의견을 동등하게 존중하며 경청할 수 있는 것이 중요했습니다. 자신을 스스로 통찰할 수 있고, 인지하는 것이 중요하다는 만고의 진리를 터득하는 동기가 되기도 했습니다. 이런 만남의 장은 나의 거울 신경이라는 시각 정보와 감정을 관장하는 변연계가 나의 마지막 뇌간을 행동으로 움직이게 했습니다. 어떤 동기든 어떠한 목적이든 나의 마음이 감동하고 움직이지 않는다면 시간을 낭비하는 것이 아닐까? 라는 추측도 해 봅니다. 하지만 정현정 교수님과의 만남은 우연이 아니라 인연이었습니다. 가장 중요한 나의 변연계 즉 나의 감정은 교수님의 퍼실리테이션 기법에 적용시키는 방법을 터득할 수 있는 시간이었기 때문입니다. 따뜻하면서도 독특한 캐릭터의 정돈된 완벽녀, 정현정 교수님은 외국에서 오래도록 생활하다 오셨구나. 발음은 본토 발음? 이끄는 촉진자의 역할을 할 때는 열린 질문과 확산적 질문법, 그것에게 정교화하면서 대입하는 문제 해결력 또한 탁월하구나. 나 혼자서 평가하게 되었습니다. 나의 예상은 적중했냐고요? 오, 마이 갓! 나만의 오류를 범하게 된다니. 편견을 만드는 순간이었습니다. 세상에 토종 한국인에다 영어 전공자였던 것입니다. 완벽녀인 듯하나 사람을 품을 수 있는 인성이야말로 끝판왕이었습니다.

올해 [소통과 공감의 학교문화 지원을 위한 관리자역량 강화 워크숍] 정현정 교수님께서 대표 강사로 부산시 신임 교감 선생님들께 강의하였고, 여덟 개 팀으로 나눠서 조별 토론을 할 때 퍼실리테이션 기법으로 퍼실리테이터 여덟 명과 운 좋게 저도 함께하게 되었습니다.

이 프로그램을 하기 위한 과정은 'google meet' 온라인 교육을 실시하였습니다. 입장하는 시간을 정확하게 만들고, 꼭 우선시 되는 것이 있었습니다. "누구를 배척하거나 부정적 언어사용 금지, 못해요. 할 수 없어요." 단어는 사용하지 않기로 했답니다. 교수님의 철학은 퍼실들이 먼저 언어와 비언어에서 긍정 화법을 사용해야 한다는 것이었습니다, 누구를 막론하고 불편해하거나 힘들어하면 그 마음을 다 수용해 주기도 하고, 퍼실리테이터들의 의견을 면밀하게 살피면서 팀워크로서 협동할 수 있는 자세와 태도를 갖게 하였습니다.

퍼실리테이터들은 서로가 먼저 칭찬해 주는 샤워 기법도 사용하였습니다. 덩달아 나의 마음까지도 춤추게 하였습니다. 누가 어떻게 무엇을 해야 하는지 점검하는 과정에서 프로젝트를 나누고 찾고 모으는 공부를 하였고, 구체적 방안과 제시도 할 수 있는 역량도 배우게 되었습니다. 타 강의가 주어졌을 때도 마찬가지였지만, 두 시간을 위한 프로그램의 과정은 한 달 전부터 준비하고 점검한다는 것은 쉽지 않지만, 교수님을 포함한 아홉 명의 팀은 즐겁게 미팅을 마무리하기도 했습니다.

강의 현장에서 정현진 교수님의 역량은 부드럽지만 매서운 비판적 의식과 사고하는 힘을 보았습니다. 또한 행동과 언어에서는 사람들의 마음과 태도를 이끌어 주는 강의법과 강연을 곁들인 조합은 어땠을까요? 물론 궁금하시겠지요. 참석자들이 초집중할 수 있는 마법과 같은 몰입력까지도 선사했답니다. 작은 체구에서 어떻게 저런 힘이 나올까 하는 생각에 속으로는 부럽기도 하고 배우고 싶기도 하고, 함께하고 싶었습니다. 닮아가려고 모방을 자처하기도 했으며 교수님의 저력을 훔치고 싶기도 했지요. '훔쳐라 아티스티처럼', 오스틴 클레온 저자가 말한 것처럼, 피카소도, 스티브 잡스도, 모방의 힘을 강조해 왔습니다. 그대로 베끼는 것이 아니라 있는 것에 독창적인 아이디어를 빌리는 것입니다. 세상에는 새로운 것이 없으며, 고유의 있던 것들을 토대로 색깔을 입히고 디자인해 가는 것이 아닐까 생각합니다.

새롭게 만들어 내는 창의성은 또 다른 누군가에게 나눠 줄 수 있는 원천이 될 수도 있겠지요.

온라인 모임인 'google meet'로의 이동은 처음에는 익숙하지 않아서 조금은 불편했습니다. "할까? 말까?" 이런 나의 속삭임도 들어왔습니다. 아무리 좋은 프로그램이라 할지라도 환경과 여건 상황이 맞지 않는다면 버려야 할 때도 있습니다. 우화에 나오는 욕심 많은 원숭이가 병 속에 있는 사탕을 움켜쥐고 손을 꺼내지 못해서 사탕 주인에게 잡혔듯이, 사탕을 내려놓고 손을 펼치면 충분히 병 속에서 자기 손을 자유롭게 꺼낼 수 있었는데. 사람들도 어리석게 과욕이 참사를 부르기도 합니다. 좋은 사람들과 좋은 인연의 끈을 가지고 싶은 저로서는 나한테는 과욕이었는지 모릅니다. 하지만 나 혼자만의 소중한 시간을 이분들과 함께하고 싶어서 내 손에 든 사탕을 내려놓았습니다. 아홉 명이 소중한 시간에 함께 참여함으로써 편안함, 안도감, 소속감, 자신감, 자존감이 올라가는 체험을 하였습니다.

이것이 교수님으로부터 배움이었고, 닮고 싶은 나의 인생 샷 퍼실리테이션입니다. 당당하게, 비굴하지 않고 멋지게. 그렇지만 여린 마음으로 안아 줄 수 있는 교수님의 품격은 구체적 정교성이 부족한 저에게 마중물 한 바가지였습니다. 내 삶을 조명해 보면서 다시 좋은 사람을 얻었다는 안도감과 행복감이 몰려왔습니다.

교수님을 닮고 싶은 나의 욕구가 또 내 마음 깊은 곳에서 펌프질하고 있습니다. 온라인 'google meet'에서 퍼실리테이터들 모두가 리더가 되는 경험을 만들어주고 있었지요. 오프닝과 마무리까지 서로가 서로에게 격려를 해주는 존중감, 배려를 통한 팀워크는 자랑할 만한 일이었답니다.

처음에는 무엇을 어떻게 해야 하지? 우왕좌왕 흔들리는 상황에서 로드맵이 되어준 선생님이 있었어요. 단아하고 아름다운 천사입니다. 잔잔하게 설명해 주고, 이끌어 주는 촉진자 송진영 퍼실리테이터입니다. 고민에 빠져있을 때, 직접 전화로 저를 안내해 줬답니다. 혹시나 실수할까 봐, 'google meet'로 안내하고, 자세한 설명서 첨부까지 친절한 응대는 대접받고 있다는 감정과 함께 한국퍼실리테이션협동조합 소속감을 확실하게 만들어줬답니다. 처음과 마무리 멘트는 잊지 않도록 체크 해주었으며, "안녕하십니까, 한국국퍼실리테이션협동조합 전문 퍼실리테이터 OOO입니다." 하루에도 수십 번씩 되새김질하였습니다. 편안한 옷을 입듯이 어색하지 않게 연습하도록 이끌어 주었고, 나다움의 단단한 그릇을 준비시켜 주었답니다.

'직접 전달해준 사항을 여러분과 나누고 싶습니다.'

오프닝: 반갑습니다. 학생대표 여러분 저는 한국퍼실리테이션협동조합 전문 퍼실리테이터 송진영입니다. 우리 분임의 주제는 '미래교육을 위한 혁신 소통'입니다. 저희에게 주어진 시간이 제한적이라 일정을 먼저 말씀드리겠습니다. 오프닝에 10분, 메인토의 20분, 슬로건 결정 10분, 발표지 작성에 10분을 예상합니다.

(중략)

얼마 전 중학교 1학년 아이들과 퍼실리테이션을 하면서 생각나는 프로젝트 수업이 있습니다. 학교폭력 예방을 위한 존중과 배려의 주제로 조별 토론을 하고 난 뒤, 평가 시간이었습니다. 남학생 한 명의 발표를 듣게 되었습니다. 발표자는 친구들과 관계 맺기가 소중하다는 것을 알게 되었다고 했습니다. 현재 부산 모 중학교 1학년 재학중인 이 학생은, 초등학교 5학년과 6학년 때 잠시 서울에서 학교를 다녔다고 합니다. 낯선 서울에서 2년 동안 학교 생활하며 겪었던 에피소드는 힘들게 보낸 친구들과의 사이에서 늘 자신은 혼자였다는 소리를 들었습니다. 교실 안에서 발표할 자유가 없었다는 것이었습니다. 말하기를 좋아하는 이 친구는 공부시간에선생님의 질문에 대답을 잘하였고 소통하였다고 합니다.

그러나 학교 친구들로부터 "너는 너무 나댄다."라는 이야기를 듣고 말을 할 수 없는 아픔이 있었지만, "부산에 내려온 후 다시 좋은 친구들을 만나서 행복하고, 지금의 내가 좋아요. 그리고 이 시간 정답이 없는 나의 말하기가 좋습니다." "서로를 존중하고 배려해 주는 법을 알게 된 시간이 좋습니다." 했던 학생의 메시지가 귓가에 생생합니다. 마음껏 자기 생각을 펼칠 수 있는 시간은 퍼실리테이터로서의 긍정성을 확보한 시간이었고, 유엔아동권리협약 4가지 기본권 중 참여기회 참여권을 실현 시켜 주었다는 것에 한 표를 던지고, 또한 아이를 살려냈다는 마음이 훅 들어와 괜히 눈시울이 뜨거워집니다.

퍼실리테이션을 꼭 권해 주고 싶은 사람들이 있습니다. 이 땅의 모든 교사와 아동들, 모든 학부모와 직장인들 함께했으면 좋겠습니다. 성숙한 세계시민으로 성장하며, 즐겁게 일할 수 있는 소통기법으로, 교육관계자와 기관에 있는 모든 종사자에게 전하고 싶습니다. 먼저는 자신을 돌아보며 인성 덕목의 가치와 의미를 발현할 수 있도록 안내하고 있기 때문입니다. 선과 악이 공존한 우리는 아킬레스건을 건드리면 분노와 화가 치밀어 오릅니다. 그럴 때, 산속의 쓰레기 청소기라고 하는 자칼의 마음이 올라올 수 있을 겁니다. 그런 마음을 인지하고 기린의 마음으로 돌아가게 하는 속성으로 변환시켜 주는 것도 중요합니다. 이런 습관 형성들이 삶에도 큰 영향을 미치기 때문입니다. 퍼실리테이션을 하면서 끝까지 경청하고 예의를 지키고 기다려 주는 행위도 여기에 포함합니다. 또 한 다른 사람들이 이야기할 기회를 만들어 줍니다. 배려를 중심으로 규칙을 정하고 주어진 시간 안에 표현할 수 있는 참여의 장도 줍니다. 새로운 아이디어를 내기 위한 발산은 어떤 것이라도 좋습니다. 많이, 다양하게, 독특하게, 정교화하면서 구체적 대안을 위한 내부적 요인과 외부적 요인의 갈등과 문제를 해결하는 데 있어 조력자의 역할을 찾는 도움을 주기도 합니다. 긍정적 화법으로 모두가 함께 도와주기도 하고 촉진자의 역할을 하는 안내서이기도 합니다. 다른 사람들에게 피해를 최소화하고, 예의를 지키는 것이 묘한 매력 있는 교수법 중 하나이기 때문입니다.

새롭게 시작하는 일에 변화와 기회 사이에서 갈등하는 후배들에게 목적을 달성하고 이룰 수 있도록 촉진자 역할을 해주고 싶습니다. 지금까지 배운 내용을 토대로 적용하고 실천했던 것들을 선언에서 이행으로 연결하는 매개체가 될 수 있도록 후배 퍼실리테이터에게 받은 것을 나눌 수 있는 선배가 되고 싶습니다. '옳음'보다는 '친절함'을 선택한다'라는 교수님의 철학처럼. 그렇게 나의 지형을 넓혀가고 싶습니다. 감사합니다.

100℃로 끓어라!

송진영 부장

두근두근~~ 늘 가슴이 설레는 전 '두근두근 그림책 놀이'라는 저만의 브랜드를 만들어가고 있는 강사 송진영입니다. 얼굴이 잘 붉어지기도 하고 강의에 대한 설레임, 열정, 수강생들을 생각하는 따뜻한 마음이 '두근두근 그림책 놀이'라는 저만의 브랜드로 전해지길 바라는 마음에서 지은 이름이지요.

그런 제게 누군가 '당신은 어떤 강의를 하시나요?' 물어온다면 저는 거침없이 말할 수 있어요.

"저는 그림책 놀이를 통해 전 연령대가 함께 웃고 즐기며 공감하고 소통할 수 있게 돕는 일을 합니다."

상대는 고개를 갸웃거리며 다시 제게 물어오지요.

"그림책은 어린애들이나 보는 책이잖아요. 어떻게 그림책으로 전 연령대가 그것도 신나게 공감하고 소통할 수 있다는 거죠?" 그러면 전 다시 대답해주죠.

"그림책은 0세부터 100세까지 읽는 책이랍니다."

상대의 반응은….

이쯤 되면 저와 상대방 사이엔 더 이상의 공감도, 그 어떤 소통도 이루어지지 않을 거센 물줄기가 흐르게 된답니다. 안타깝지만 그 당시 제가 만들어가고 있던 '두근두근 그림책 놀이'의 현주소였어요.

'무엇이 문제일까?'

4년이 넘도록 그림책 놀이를 알리기 위해 '두근두근 그림책 놀이' 블로그를 운영하며 그림책 서평과 독후활동 놀이를 꾸준히 공유하고 있지만 제 블로그는 변방의 무수한 블로그 중의 하나에 불과했어요. 유아부터 실버에 이르기까지 폭넓은 대상을 상대로 강의를 하고 있었지만 주로 유아에서 초등 저학년, 성인에서 실버에 치중되어 있었고, 초등 고학년부터 고등학생까지는 기존의 그림책 놀이 접근방식으로는 공감과 참여도를 끌어내기가 쉽지 않은 것이 사실이었죠. 아마 그 당시 제 강의의 온도를 재어봤다면 두근두근 이라는 이름에 맞지 않을 그야말로 차디찬 온도였을 것 같네요.

제 꿈은 그림책 놀이로 전 연령대가 공감하고 소통할 수 있도록 돕는 것인데…. "난 이제 무엇을 해야 할까?" 고심하고 있던 바로 그때 '더 작은 도서관'에서 신중년을 상대로 퍼실리테이터 자격증 과정을 연다는 소식을 접했어요. 순간 머리 위에서 전구가 반짝! '그래! 이거다! 초등 고학년부터 성인들에 이르기까지 퍼실리테이션 기법으로 그림책 놀이 강의를 기획해보면 되겠다!'라는 생각에 서늘했던 가슴이 두근두근~ 다시 온기가 돌기 시작하는 걸 느낄 수 있었지요. 정말 개강 날만 손꼽아 기다렸던 것 같아요.

그렇게 만나게 된 정현진 교수님의 첫인상은 '작지만 묵직한 바위'였어요. 다부진 입매에서 나오는 단어 하나하나가 얼마나 묵직하게 내려앉던지…. 가볍지도, 모나지도 않은 말들이 내려앉는 걸 느끼며 뭐라고 표현해야 할지 모를 감정에 사로잡혀 있었던 것 같아요. 주위 환경에 순식간에 젖어 드는 것이 저의 장점이자 단점인지라 알 수 없는 감정에 휩쓸리면 저를 깜빡 놓쳐버려 어버버 거리가 십상이기에 실수하면 어쩌나 하는 마음이 앞서 사실 편치 않았답니다. 하지만 그 당시 저에게는 어떤 희생을 치르더라도 잡아야 할 동아줄처럼 보였기에 정신줄을 잡고 동아줄도 잡아보려 안간힘을 썼던 것 같아요.

정현진 교수님의 강의는 여러 책에서 수집한 정보들을 앵무새처럼 옮기는 듯한 여타의 강의들과는 다른 뭔가가 있었답니다. 말씀들이 살아 숨을 쉬는 생명체 같다고나 할까요? 교수님의 말씀들로 '더 작은 도서관'이 꽉꽉 채워지는 느낌 속에서 전 완전 얼음이 됐었던 듯해요. 그렇게 묵직한 바위에 눌려 버둥거리다 보니 어느새 제가 퍼실이 되어 모둠에서 나온 안건을 발표할 시간이 되었어요. 결과는…. 어버버~하다가 끝나버렸답니다. 그야말로 제 손에 있던 정신줄도 놓치고 잡으려던 동아줄도 놓쳐버린 참사였지요. 그런데…. 쥐구멍에라도 숨고 싶은 느낌이 들어야 했는데 왠지 기분이 상쾌했어요. '바닥을 찍었으니 이제 올라갈 일만 남았다는 말이 이럴 때 사용하는 거구나 ~'깨달았다고나 할까요?

그렇게 시작된 퍼실리테이션강의는 제가 그동안 '경청! 경청! '떠들어대기만 했지 제대로 경청하지 않았었다는 것을 깨닫게 해주었고, 요약정리에 한참 미숙하다는 것도 알게 해주었어요. 중립을 지키는 건 더더욱 어려운, 제 생각들로 꽉 찬 사람이라는 것도! 알게 되었죠. 2시간 강의를 듣고 나면 교수님이 날리시는 묵직한 말씀들에 여기저기 얻어맞아 기진맥진해서 귀가하기를 여러 번…. 그날도 기가 다 빠져서 집으로 돌아오는 길이었는데, 문득 도서관을 들러 관련 책들을 찾아봐야겠다는 생각이 들었어요. 워낙 책으로 배우는 게 익숙한 저이기에 퍼실리테이션 관련 책을 찾아 읽어보면 다음 시간에는 좀 더 자신감 있게 발표를 할 수 있지 않을까? 기대했던 듯해요. 그런데…. 동네 도서관에는 관련 책이 딸랑 두 권 뿐이었답니다. "응? 퍼실리테이션에 대한 책들이 왜 이렇게나 적은 거지?" 빌려 온

책들로는 저의 갈증을 해소하게 할 수가 없다는 것을 깨닫고 책을 사 모으기 시작했어요. 도서관에도 희망 도서 신청을 해 두었지요. 저 같은 사람이 혹시나 찾았을 때 적어도 5권 정도는 도서관에 비치되어 있길 바라는 마음이었어요. 아니나 다를까? 정현진 교수님의 강의와 책에서 읽은 내용이 만나니 뭔가 맥이 잡히는 듯 자신감이 생기기 시작했답니다.

여세를 몰아 2022년 2학기 동부도서관 책놀이 강사 모집 공고에 퍼실리테이션기법을 이용한 강의계획서로 당당히 자리를 꿰차는 쾌거를 거뒀어요.

덕분에 '2022년 울산의 책을 활용한 도서관 활용 프로그램'을 진행하면서 관내 초등 3,4학년 교실 15군데를 방문해서 약 450여 명의 학생을 만나서 의미 있는 시간을 보낼 수 있었답니다.

급식카드를 사용하는 주인공 서진이와 베프(제일 친한 친구), 유림이 그리고 급식카드를 사용하면서 알게 된 또 다른 친구 소리는 배고플 때 만나는 친구, 배프입니다. 이야기가 전개되며 유림이와 길고양이까지 배프(배고플 때 만나는 친구)가 되는 이야기는 서로 연대하는 삶의 중요성을 전달하려 합니다. 그런 멋진 이야기를 2시간 안에 책을 읽고 독후활동으로 전체가 주인공이 되어 각자의 의견을 내어 결과물까지 만들어 내는 데는 퍼실리테이션 기법이 딱이었죠!

담임선생님들의 아낌없는 지지를 받으며 마무리한 프로그램은 제게 있어 3가지 커다란 변화를 가져다주었습니다. 첫째, 아이들과 놀이가 아닌 토론으로도 즐겁게 하나가 될 수 있다는 것을 처음으로 알게 해주었고, 둘째, 그동안 거쳐온 직업과 달리 퍼실리테이터, 송진영은 일이 아니라 삶이 되게 해야겠다는 것. 마지막 셋째, 정현진 교수님과 인연의 끈을 꼭 붙잡아야겠다!는 결심을 하게 되었어요.

사실, 강사와 수강생의 스치고 지나가는 바람이 아닌 끈끈한 인연의 끈으로 연결된 계기는 무심코 누른 블루투스 스피커에서 정현진 교수님의 목소리가 울려 퍼졌던 순간이었던 것 같아요. 특유의 묵직하지만 친절한 어투로 토론 전체 진행 보조 제의를 하셨는데 전 "네! 할게요!"라고 선뜻 대답했었어요. 지금도 문득문득 그때를 떠올리다 보면, 그때의 저는 정말 저였을까? 싶을 만큼 평소의 저답지 않은 행동이었어요. 늘 미적대며 선택을 주저하는 저였거든요. 거기다 토론 규모가 어마어마했기에 그 당시 저라면 절대 하지 않을 선택이었죠. 믿지 않는 자에게도 자애를 베풀어주시는 누군가의 힘으로 "네! 할게요!"라고 말하게 됐던 건 아닐까? 라는 생각을 종종 하게 되는 이유랍니다.

그렇게 부산 학생대표위원 토론 전제 진행 보조를 시작으로 맺게 된 정현진 교수님과 한국퍼실리테이션협동조합과의 인연은 감사하게도 지금까지 계속되고 있어요. 정현진 교수님만의 퍼실리테이션은 한국퍼실리테이션협동조합 퍼실 분들도 다들 인정하시듯 그야말로 독보적이십니다. 단순히 퍼실리테이션을 배우러 왔을 뿐인데 삶을 대하는 태도가 180도 바뀌는 경험을 하게 되지요. 저처럼요~^^

일단, 교수님의 무조건적인 신뢰의 힘은 제가 괜찮은 사람이라는 자신감을 갖게 해주십니다. 교수님이 보여주시는 신뢰는 말 그대로 순도 100% 신뢰입니다. 일을 맡기시면 그 결과물에 무조건적인 믿음과 격려로 화답해 주셨어요. 덕분에 교수님이 제게 뭔가 일을 시키시면 '이 일을 제가 할 수 있을까?'라는 생각보다는 '그냥 해 보자! '라는 생각이 먼저 들었어요. 아마도 정현진 교수님만의 신뢰 에너지가 제게 전달됐었던 것 같아요. 신뢰에 보답하고자 제가 할 수 있는 한 열심히 해서 결과물을 보내드리면 "잘했다!"라는 피드백이 돌아왔지요. 그 전과는 다른 밀도의 아주 단단하지만 따뜻한 자신감이 생기기 시작한 시점이었답니다. 얼마 전 이야기를 나누다가 여쭤봤어요, 저의 무엇을 믿고 일을 시키셨냐구요. 교수님은 그저 당신 주위의 모든 사람을 세워주시려 한다고 말씀하셔요. 그래서 그 사람에게 꼭 필요한 역량이겠다 싶은 일을 맡겨서 앞으로 그 사람이 만나게 될 일을 준비시키는 눈을 가지게 된 것 같다구요. 당신은 할 수 있는 일이 하나도 없다시며 여러분들이 도와줘서 이 일을 할 수 있는 것이라고 말씀하시는 교수님을 뵈며 예전에 제가 '그냥 해 보자!'라는 생각이 먼저 든 이유를 알 것 같았어요. 그 신뢰에는 저를 세워주시려는 마음이 100%였던 거예요. 그래서 저를 움직여 도전하게 만들어 주신 것이였죠.

그런 신뢰를 받아 본 사람은 안 변할 수가 없답니다. 그 자신감은 제가 하는 모든 일과 생활 전반에 영향을 끼쳤어요. 부당하다고 생각되는 일에도 아무 말 없이 따르던 제가 질문을 하게 된 것이지요. 제일 먼저 가족들이 흠칫 놀랐고, 그다음 일로 만나는 사람들도 저의 변화를 느끼기 시작했어요. 제 목소리를 조용하지만 단단하게 내자 사람들이 제 이야기에 귀 기울이기 시작했고, 그 영향은 다시 저를 단단하게 만들었고 유연하게도 만들었답니다. 같은 친절을 베풀어도 전과는 달리 저를 존중해 준다는 것을 느끼는 변화된 요즘이 저는 참 좋아요.

그와 동시에 저 자신에게 좀 더 관대해진 점도 변화된 모습이랍니다. 예전에는 타인보다 저 스스로가 저에게 더 날을 세워 공격을 일삼았던 것 같아요. 타인에게는 한없이 너그러우면서도 스스로에게는 인색하고 표독하게 굴었죠. 비난의 화살을 스스로 얼마나 많이 날렸는지 몰라요. 그런 제 모습을 타인들은 다 느낄 수 있었을 것이라는 걸 이제는 알아요. 저를 더 안아주고 더 토닥여주고 위로해 줘야 한다는 걸 알게 됩니다. 저 자신을 신뢰해야 타인도 신뢰할 수 있습니다. 100% 신뢰의 힘을 저에게 먼저 보내어 저를 격려해주고 싶어요. 그 에너지를 제가 만나는 모든 사람에게 신뢰의 에너지로 돌려드리고 싶어요.

교수님은 퍼실리테이터들이 각자의 자리에서 100℃로 끓기를, 그 온도로 주변에 좋은 영향을 주라고 말씀하세요.

도대체 100℃로 끓으려면 어떻게 해야 할까요?

'나를 내려놓고 상대를 100% 신뢰하고 그 사람의 의견에 내 마음을 실어주면 됩니다. 악한 일이 아니라면 100% 신뢰는 당장은 실패하더라도 그 경험이 상대를 변화시켜 다음번에는 성공하게 됩니다. 조금 더디게 가는 것 같지만 그게 더 빠른 길이랍니다. 현실에서 누군가 내 편에 서 주기는 쉽지 않아요. 그러니 내가 그의 편에 서 주어야 합니다. 끝없는 노력으로 나를 100℃로 끓게 하는 것, 그의 편에 서 주는 것. 결국엔 애를 쓰지 않아도 온전히 내 것이 되도록 일상화된다면 100℃로 끓게 되고 그때라야 향기를 전해줄 수 있습니다.'라고 교수님께선 말씀하셔요.

이렇듯 퍼실리테이터의 삶은 끝없는 자기성찰과 노력이 필요한 것 같아요. 상대의 의견에 제 마음을 실어주고 그의 편에 서 주는 것. 그 100℃의 마음이 향기로 전해지면 상대는 그동안 꺼내지 못했던 최선의 답을 내어놓게 되겠지요. 정현진 교수님이 제게 보여주셨던 밑도 끝도 없는 신뢰가 저를 변화시켰듯 저도 누군가를 그렇게 신뢰해 보려 해요. 100% 신뢰를 주는 연습이 제게 무엇을 가져다줄지 그 결과 또한 100% 신뢰해 보려 합니다. 교수님이 저를 변화시켰듯 우리 가족과 주변인들, 제가 만나는 모든 학생에게 그런 신뢰를 보여주려 해요. 환대와 적극적인 경청 그리고 배웅까지~ 실천하면서 변화를 느껴보고 싶어요.

강의 준비는 늘 제게 버거웠어요. 해도 해도 끝이 없는 강의 준비는 해가 거듭될수록 더 버거워졌죠. 어느 날 교수님께 저의 고민을 말씀드리니 지금까지 제가 해 놓은 걸 누리지 못하면 계속해서 쫓기듯 살아가게 될 거라 하시며 "지금까지 해 놓은 것이 부족하다 싶어도 그것만으로 누려보는 게 어떤가?" 하시는 거예요. 순간 저는 기나긴 아슬아슬 외줄타기에서 내려올 수 있었답니다. 그리고 바로 누려보자는 마음으로 다음날을 맞이했구요. 강의 가는 그 순간까지 강의안을 보강하고 또 보강해야 좋은 강사라고 생각했던 제가 교수님 말씀을 듣고 그때까지 만들어 둔 것만 가지고 강의를 하러 간 것이었죠. 이 모든 건 교수님의 말씀을 100% 신뢰했기 때문에 가능한 것이었어요. 마음이 편안해지니 그날 해야 할 일보다 더 많은 일을 여유롭게 즐기며 해 낼 수 있었어요. 학생들로부터 의외의 선물까지 받았답니다. 아마도 강의안에 맞추기보다 학생들의 마음에 초점을 맞추다 보니 더 좋은 피드백이 나왔던 것 같아요.

일보다는 관계! 라는 정현진 교수님만의 퍼실리테이션의 힘을 또 한 번 느끼는 순간이었어요.

이제 강의 준비는 기본이고 잊지 않고 꼭 챙기는 것이 생겼어요.
'지금 만나러 가는 학생들에게 난 어떤 마음으로 다가가야 할까?'
'그들의 마음을 들여다보고 신뢰하고 경청할 준비가 되었나?'
'그들의 이야기에 내 마음을 실어줄 수 있게 100℃로 끓고 있나?'
두근두근~지금 저는 100℃로 끓을 준비 중이랍니다.

포스트 잇과 함께하는 동그라미 집단지성

- 나는 질문하는 슬라임 퍼실리테이터

신유진

'바로 이거다!'

내가 처음 퍼실리테이션을 접했을 때 느낌이었습니다.

우리 한국 사회에 만연해 있는 토론 문화의 실종, 다름에 대한 인정의 실종에 처방이 될 만한, 인공호흡이 될 만한 방법을 나는 만났던 것입니다. 퍼실리테이션을 하는 퍼실리테이터를 통해서.

바쁜 와중에 교육청 연수에 퍼실리데이터 과정이 있었습니다. 균형과 조화를 인생의 중요한 가치로 생각하고 있는 나에겐 퍼실리테이션이라는 사람 간의 대화 방법과 의논 방법이 참 사랑스러웠습니다. 누군가에게는 말하기 쉬워서, 한정없이 들어가는 시간, 누군가에게는 말하기 어려워서 말할 기회조차 없는 시간이 퍼실리테이터를 통해 퍼실리테이션을 만나면 공평해집니다. 서로에게 집중해서 듣고 포스트잇으로 한 문장씩 적어 간결하게 정리된 것이 유목화 작업을 통해서 모아지면 통계가 되고 정리된 의견이 되고 전체적인 우리의 의견이 무엇인지 알고 그것이 반영되는 것을 느낄 수 있습니다.

나는 퍼실리테이션을 배우고 그 주말에 바로 우리 가족에게 써먹었습니다. 늘 우리 가족은 너무 다르고 대화할 때 충돌이 많은 편이었습니다. 퍼실리테이션 연수를 받을 때도 참여자들 간에 서로 '불통' 즉 '소통의 힘듦'에 대한 경험을 나누었는데 주로 '가족 간의 불통'을 나누었고 그때 대화가 정말 안 되다가도 계속 노력을 하다가 어느 접점에서 만났던 경험을 나누었던 것이 격려도 되고 도움도 되었던 것 같습니다. 가족들 간에 캠핑 때 나는 따로 포스트잇을 준비하고 여러 가지 색깔 펜도 준비하여서 한참 불멍을 하다가 퍼실리테이션을 진행했습니다. 대화 시간을 내기도 힘들고 대화하는 것도 익숙지 않은 우리 가족들에게 나의 제안이 먹힐까 걱정했지만, 생각 외로 내가 주제를 던지니 각자 포스트잇에 썼습니다. 생각보다 많은 수의 포스트잇을 이용하였었습니다. 주제는 지난 한 달간 가장 힘들었던 일 기억에 남는 일을 적어보자고 했습니다.

그런데 정말 가족들마다 알지 못했던 각자의 깊은 고민이 담긴 일들이 있었으며 그 고민에 대해서 나눌 수 있었다는 점 그리고 그 고민의 해결 방법에 대해서 각자 다른 방법으로 얘기해 줄 수 있는 시간이 참 소중했습니다. 또한 다음 주의 각자 이루고 싶은 일에 대해서도 나누었습니다. 제일 신기했던 것은 정말 이런 걸 싫어할 것 같은 남편 역시 본인의 회사에서 아주 힘들고 버거웠던 일 고민스러운 일에 대해서 털어놓았고 우리 가족 모두 공감하고 각자의 코멘트를 해줄 수 있었습니다. 그 뒤로도 우리 가족들은 가족 모임 때마다 퍼실리테이션을 이용해 먹었습니다.

그리고 저는 오랫동안 학교폭력 심의 위원회의 위원으로 활동해 왔습니다. 관련으로 7년 차 활동 중인데 내가 활동하고 있는 교육지청에서 인정을 받아 대표 위원으로 활동하고 있었습니다. 작년에 우리 소위의 위원장님이 안 계실 때, 다른 소위의 모든 위원장님이 계산대임에도 불구하고 장학사님이 2소위인 나보고 굳이 먼저 발표하라고 하셨습니다.

그때 물론 저의 전문성을 인정해 주셔서 나만의 어떤 방법들을 발표해 공유할 수도 있었겠지만 저는 우리 소위의 전체에게 질문 3가지를 던지고 포스트잇을 준비해서 워크숍에서 퍼실리테이션을 해서 의견을 모아서 그 의견을 정리해서 발표해서 모든 위원과 공유하였습니다. 그리고 우리 소위에서 참여하지 못한 위원에게도 톡을 보내 의견을 받기도 하였습니다. 그 과정에서 좋은 제안이나 건의 사항들도 발굴할 수 있었습니다.

처음 내게 퍼실리테이션을 전해준 정현진 교수님과 한국퍼실리테이션협동조합 퍼실리테이터 들과 함께 한 3년간의 행사들, 워크샵들 모두 주옥같았지만, 특히 내게 기억이 남고 의미가 있었던 것은 부산 학생의회 의원들의 총회였습니다. 제일 첫 총회 때, 학생들의 모든 문제 원인 뒤로 귀결되는 입시제도! 어떤 학생은 성적과 관계없는, 답이 정해져 있지 않은 정말 토론다운 토론을 해 보고 싶다 했는데 그게 불가능한 것은 점수화되기 때문이고 입시제도 때문이라고 불만을 토로하기도 하였습니다. 정말 공감 가는 부분이었고, 그 과정에서 처음에는 입시제도가 문제화되지 않았고 거론되지 않았지만 여러 가지 문제들이 나오면서 결국은 입시제도의 변화와 절대평가로의 변화가 좋은 해결책이 된다는 제안이 나왔습니다. 그때가 인상 깊었고. 3년이 지난 올해 부산 학생 의원들은 전국 최초로 삼권분립의 주최 기관인 대법원, 국회, 청와대를 학생들의 현장 목소리를 담은 제안과 질문이 있고 국회의원을 만나러 리더십캠프를 함께 한 것이 참 의미가 있었습니다. 매년 이 행사가 행동이 이어지면 좋겠습니다.

최근 며칠 사이 입시제도가 다시 바뀌어서 발표되었는데 당사자인 학생들의 현장 목소리를 듣고 학생들의 의견을 주축으로 하여 입시제도가 자리 잡을 수 있으면 좋겠습니다. 계속해서 변화하는 입시제도에 대해서 학생들이 얼마나 힘들어할지 어른으로서 미안할 따름입니다. 무언가 배울 기회를 주고 또 무언가 실패하고 다시 일어날 기회를 주는 그러한 입시제도가 되었으면 좋겠습니다. 성적순이 아니라 본인들이 해 보고 싶은 공부를 충분히 해 볼 기회를 주어 그 분야에 본인이 할 수 있는 역량을 스스로 판단해볼 기회를 주어야 한다고 생각합니다. 올해 초 신임 교감 선생님의 워크샵에도 참여하였습니다. 그 워크샵을 마치고 한 퍼실리테이터 선생님이 내게 물었습니다. "선생님은 왜 퍼실리테이터를 계속하셔요? 쉽지 않은 일인데…. " 사실 퍼실리테이터는 정말 멀티가 가능해야 하고 잘 들을 수 있고 잘 요약할 수 있고 잘 파악해야 하지만 무엇보다도 순발력이 뛰어나야 합니다. 몸 상태가 안 좋을 때는 하는 것이 여간 힘들지 않습니다. 하지만 나는 그 선생님에게 대답했습니다. 퍼실리테이션을 하면서 머리가 모아지면서 소통하고 나누는 과정에서 전혀 생각지 못한 의견이 방법이나 새로운 생각이 나온다는 것이 할 때마다 신선하고 보람이 되어서 계속한다고 말입니다. 그리고 각 계 각 층의 다양한 사람들을 새롭게 만나 그들의 다양한 생각과 내가 알지 못하는 현장의 소리를 듣는 것은 정말 재밌고 신선하고 나를 성장시킵니다. 아마 퍼실리테이션에 참여한 참여자들도 그럴 것이고 그러므로 이 사회도 성장할 것입니다. 정치인들을 보며 우리 사회 곳곳에 구석구석에 이 퍼실리테이션이 뿌리를 내려야 한다고 생각합니다. 그리고 우리 사회의 주인공인 구성원들을 성장시키는 학교 현장에서는 반드시 이 퍼실리테이션이 활성화되어야 한다고 생각합니다. 또한 회의가 필요한 그 어떤 회사나 단체에도 이 퍼실리테이션은 꼭 필요한 방법이라고 생각합니다.

또 다른 퍼실리테이터로서의 인상깊은 기억은 제가 퍼실리테이션을 배우고 퍼실리테이터로 두 번째로 참가한 행사일 겁니다. 울산교육청에서 생태 급식에 대한 대 토론회였는데요. 그때 제가 맡은 테이블에서 어떤 학부모님이 단단히 작정하고 참여하였었습니다. 울산교육청에서 환경을 위해서 일주일에 한 번 채식의 날을 정했었는데요. 아들들만 둔 학부모님은 어떻게 의논 절차도 없이 일방적으로 이렇게 정할 수 있는지 감정과 화를 가지고 토론회에 참여하였습니다. 그리고 엄청 화와 아이들의 건강에 대한 불안 등을 토로하였습니다. 저는 퍼실리테이션을 하면서 퍼실리테이터로 그 부분을 충분히 들어드렸고 다른 분들의 이야기도 그분이 충분히 들을 수 있도록 장을 만들어 드렸습니다. 서로가 너무나 다른 입장의 이야기를 하지만 모두가 존중되어야 할 의견이며 눈치 보지 않고 각자의 서로 다른 의견들을 충분히 개진할 수 있는 안전한 이야기의 장을 만들어 드렸더니 스스로 반대 견해의 입장을 이해하시고 그 부분이 풀리시기도 하고 이후부터는 굉장히 퍼실리테이션에 협조적인 분으로 바뀌셨습니다. 무언가 정책이 정해질 때 의견 하나 듣는 거 없이 묻는 거 없이 진행되는 정책들은 일반적으로 동의하기가 쉽지 않습니다. 설사 그 정책에 찬성하지 않는 입장이라도 그 입장을 충분히 들어주는 것만으로도 풀리는 부분이 있습니다. 그렇게 불만을 들고 왔다가 친절한 협조자가 되어서 웃으며 인사하며 나가시는 모습이 뿌듯하기도 하고 신기하기도 했고 그런 분들의 의견을 정확히 적어서 반영되도록 또 전달되도록 하는 것 또한 중요하고 뜻깊은 일이었습니다.

퍼실리테이션을 할 때 중요한 부분 이 시간 엄수 부분인데요. 이 부분은 정말 할 때마다 신경이 많이 쓰이고 또 많이 집중해서 신경 써야지만 지켜지는 부분이기도 합니다. 시간 내에 각자의 의견도 개진할 수 있도록 하고 시간을 엄수하여 주제를 바꿔 얘기를 해야 하며 또 의견을 모아 어떤 해결책을 찾아야 할 때도 있습니다. 그냥 단순히 의견을 주고받는 것만이 아닌 해결 방안을 찾아야 하는 퍼실리테이션에서는 보다 고도의 집중력과 통찰력과 질문을 할 수 있는 능력이 필요한 것 같습니다.

어떤 의견도 의견이고 어떤 의견도 존중되어야 하는 그 마음은 퍼실리데이터의 기본 중의 기본이라고 생각됩니다. 퍼실리테이션을 정현진 교수님으로부터 배우면서도 충분히 공감하는 부분이었습니다. 어떤 퍼실리테이션에 참여하게 되면 항상 한 달 정도의 사전 줌 미팅을 하는데요. 처음에는 이 사전 줌 미팅의 시간이 아주 부담스러웠습니다. 미팅 자체가 부담스럽다기보다는 바쁜 일정 속에 맡은 퍼실리테이션만 하면 좋겠는데 대략 한 달 동안 매주 일주일 두 번 또는 일주일 한 번의 사전 준비줌은 시간적으로 굉장한 부담이었습니다. 굳이 사전미팅을 해야 할까 하는 생각도 많이 들었습니다. 행사 당일 약 5일 전에 집중적으로 집중해서 의논하면 좋을 것 같다고 생각하기도 했습니다.

초반에는 그러다가 점점 정현진 교수님의 사전미팅에 대해서 반복되다 보니 어느 순간 익숙해져 있는 저를 발견할 수 있었습니다. 하지만 시간적 부담도 물론 있지만 너무 다양한 다른 일을 하는 퍼실리데이터들이 줌이라는 방식을 통해서 미리 만나서 이야기하는 과정들은 상당히 한 주제를 가지고 퍼실리테이션 하는 퍼실리이테이터들을 하나로 잘 묶어 주는 역할을 했던 것 같습니다. 그리고 때로는 그 과정에서 지지와 격려를 받기도 하고 공통의 문제에 대해서 많은 얘기를 하기도 하면서 성장하는 것 같았습니다.

절대 빅 마우스가 되면 안 된다고 하시면서 스스로 빅 마우스를 자처하시는 가끔은 귀여운 우리 정현진 교수님, 오랫동안 새로운 분야를 개척하시고 이끌어 주셔서 감사합니다. 정현진 교수님께 감사의 인사를 전하며 글을 마무리하려 합니다.

소통을 디자인하다, 퍼실리테이션

이지은

교수님을 통해 퍼실리테이션을 처음 접했을 때 퍼실리테이션이라는 용어를 듣고 가슴이 뛰었습니다. 그리고 주저함 없이 퍼실리테이터라는 꿈을 꾸게 되었습니다.

가슴 떨리는 일을 하라!! 늘 선택의 기로 앞에서 스스로 되뇌는 말입니다. 가슴 설레고 떨리는 이 직업을 선택한 것이 내 삶에 있어서 정말 탁월한 선택이라 여깁니다. 퍼실리테이션이라는 일이 좋아서 한 것도 있지만 교수님께 무엇보다 무한신뢰가 느껴졌습니다. 주저함 없이 시작하게 되었고 코로나19라는 난제 앞에 최대 특혜를 누렸습니다. 그때를 생각하면 꿈만 같은 생각이 들고 자격증을 우편으로 받았을 때 기쁨과 감동을 아직도 잊지 못할 것 같습니다.

뭔가 해보지 않은 신선하고 가슴 떨리며 설레는 기분. 그리고 '퍼실리테이션을 통해 어쩌면 힘을 모아 건강한 사회, 행복한 사회를 만들 수 있겠구나'라는 막연하고 뭔가 기대되는 가슴 벅찬 그 무엇인가가 있었습니다. 그리고 퍼실리테이션 안에 묻어나는 따뜻함 속에 효율적인 목표 달성, 공동체 가치를 창출하고 건강한 의사결정을 할 수 있다는 점에서 사회 곳곳에 만연해 있는 소통 부재와 관계 갈등의 사회적 이면을 완화할 수 있다는 생각이 들었습니다. 정신이 건강한 대한민국 시민, 인지가 가능한 그룹이라면 누구나가 참여하여 자기 의사를 건강하게 표현하고 모두가 수용하고 가장 적합한 의사결정을 하는 데 큰 역할이 되겠다라는 생각이 들었습니다. 퍼실리테이션 활동을 통해 그룹 활동을 조직적이고 효과적으로 끌어내는 데 도움을 주며, 다양한 상황에서 유용하게 활용됨을 누구보다 실감하였고, 가능성을 믿고 있었습니다.

그리고 구성원들의 다양성을 존중하면서 구성원 모두의 의견을 가장 원만하게 반영할 수 있다는 점이 무엇보다 좋았고 참여자들을 존중하며 주인공으로서 세워 줄 수 있다는 점이 좋았습니다. 우리는 모두가 존엄하고 존귀하고 소중한 존재임을 압니다. 누구나 사랑받고 싶고 수용 받고 이해받고자 합니다. 각자마다 자신이 추구하는 욕구가 있으며 수렴되기를 원합니다. 그러나 이 넓은 세상 속에 사는 우리는 알고 있습니다. 이 다양한 색깔을 가진 구성원 모두의 의견이 다 이해받고 수렴되지는 못합니다. 퍼실리테이션은 모두의 욕구를 다 충족시킬 수 없음을 알고 가장 공동체적인 대안, 목표설정을 꾀할 수 있음에 더할 나위 없이 건강한 공동체 문화임을 느꼈습니다. 그리고 그 안에 퍼실리테이터라는 촉진자, 조력자의 역할이 얼마나 중요한지 그래서인지 더더욱 보람을 느끼고 행복함을 느낍니다. 창의성을 끌어내는 따뜻한 조력자 촉진자 그리고 전문적 리더로서 퍼실리테이터라는 직업을 사랑하는 그중 한 명입니다.

저는 교수님을 뵌지 꽤 오래되어 가는 것 같습니다. 교수님과 같이 퍼실리테이션 토론회를 진행하며 늘 느끼고 닮고 싶은 부분은 추진력, 섬세함, 사람중심, 늘 섬김의 자세, 겸손하심, 이런 점들 모두 귀한 본보기가 되어주십니다. 교수님께서는 본 토론회를 진행하기 전 여러 번 차시를 거듭하여 진행자들을 이해시키시고 트레이닝 시간을 충분히 가지도록 늘 신경을 쓰십니다. 그리고 오프닝, 클로징 하나하나까지 세세하게 챙기시며 상황까지 챙기시는 모습에 참 감사했습니다. 또한 늘 전체 숲을 살피시고 흐름을 세세하게 살피시는 꼼꼼하신 모습이 늘 인상 깊었습니다. 그냥 나만 믿고 따라오라 하시는 교수님과 믿고 따르고 성장하는 내가 그 안에 있었습니다. 교수님 덕분에 퍼실을 알고 건강한 사회에 일조할 수 있다는 점이 참 감사하고 소중한 시간, 행복한 시간임에 틀림없었습니다.

퍼실리테이션 회의를 진행하면 다소 긴장될 수도 있으나 진행에 들어가기 전 서로 응원하고 웃으며 토론회에 임하면 훨씬 힘이 되기도 합니다. 본 토론회에 들어가기 전 친절과 밝은 미소는 물론이거니와 텐션을 살짝 높입니다. 텐션을 높여 자주 웃고 스마일 띤 미소의 얼굴로 회의에 임하면 한결 맘이 편안해집니다. 그렇기에 동료 퍼실리테이터 중 잘 웃으시고 유쾌하신 선생님을 좋아합니다. 웃는 얼굴을 함께 하다 보면 서로가 긴장도 사라지고 더 편안한 회의 진행이 됩니다. 옷차림은 늘 깔끔한 블랙 앤 화이트 차림에 섬김과 겸손 그리고 담대한 마음으로 토론회에 임하는 동료들이 늘 동지와 같고 함께하는 독립투사와 같은 경건한 마음으로 임합니다.

참여한 회기 중 임원단 퍼실리테이션 토론회가 있었습니다. 어떻게 보면 첫 토론회였습니다. 조금 긴장도 되었습니다. 참 다행인게 구성원들이 다 성실하고 적극적이어서 1등을 획득하고 구성원 모두가 일제히 축하 파티 분위기로 너무나 행복해하였습니다. 긴장되는 순간이었는데 좋은 결과를 줘 정말 고맙고, 감사하여 기억에 가장 오래 남습니다.

시민단체에서 많이 도입하고 지역사회 활동가들이 많이 참여하여 더욱 살기 좋은 지역에 힘쓰기를 희망합니다. 가장 가까운 곳에 내 이웃들이 어떻게 살아가며 어떤 해결점이 있을지, 어떻게 그 문제들을 건강하게 풀어나갈지 함께 고심하고 함께 만들어갔으면 합니다.

퍼실리테이션을 시작하셨다면 먼저 아주 잘 시작하셨다는 말씀드리고 싶고 이보다 더 보람되고 멋진 일이 있을까 싶습니다. 본인이 지니신 전문적인 역량을 통해 필요한 지역 곳곳, 사회 곳곳에 역량을 펼칠 수 있고, 보람을 찾을 수 있고, 자기 자신을 성찰하는 시간, 그리고 성장하는 멋진 직업이라는 말을 꼭 해주고 싶습니다.

〈각자의 전문 분야에서의 퍼실리테이션 활용사례〉

· 지역사회 청렴 문제에 대한 해결책 찾기
· 고등학교 리더십 토론회(미래에 꿈꾸는 행복한 학교)
· 소통과 공감의 학교문화조성 관리자역량 강화
· 자기주도형 봉사활동을 통한 성장-청소년 초중고
· 지역사회 결혼이주여성 정착 방안-지역주민 현지인
· 지역 활성화를 위한 토론회
· 자존감 향상 및 나다움 찾기-청소년

〈진행 하며 좋았던 점〉

· 다른 사람들이 생각을 못 하는 부분을 찾아내 주어 관점의 변화 마음의 변화를 일으켜 주는 과정이 뿌듯하고 행복했습니다.
· 누구나 참여할 수 있도록 촉진자의 역할을 함으로써 모두가 표현의 자유를 얻고 성취감, 만족감, 자존감 향상을 꾀할 수 있음이 좋았습니다.
· 구성원 한 사람 한 사람의 다양성을 존중할 수 있고 모두의 의견을 가장 원만하게 건강한 방식으로 해결점을 찾을 수 있음이 좋

았습니다.

세상을 바꾸는 힘!
집단지성을 이용한 건강한 사회의 변화!
우리는 모두가 소중합니다.
모두의 목소리를 담아 아름다운 세상이 되는 그날까지~

토론회를 하는 날은 하루이나 그 전 밑작업들이 얼마나 중요한지 퍼실리테이션을 하며 많이 배우고 깨닫게 되었습니다. 그 전 교수님과 퍼실리테이터들이 모여 토론회를 잘 진행하고 끝마치기까지 여러 번 회의를 참여하고 오프닝 클로징 및 토론회 전반적인 업무들을 습득하고 입을 맞추기까지 수많은 땀과 노력이 있다는 걸 알았습니다. 본인도 원탁 토의라는 곳에 참여해본 적이 있지만 이렇게까지 보이지 않는 곳에서 수많은 노력이 있다고는 생각지 못했습니다. 그래서 그런지 회의 참여할 때마다 더 값지고 소중했으며 토론회를 성황리에 잘 마치고 나온 그날은 서로 얼싸안고 수고했다고 모두 응원하며 격려하는 뿌듯하고 행복한 시간이었습니다. 누구보다 교수님께서 따스하게 안아주시고 보듬어 주시는 모습이 늘 아주 고마웠습니다.

그리고 모두가 한 팀웍이 되어 하나가 되어 한마음 한뜻으로 따뜻한 세상 행복한 세상을 꿈꾸지 않느냐는 생각이 들었습니다. 그 안에서만큼은 안전한 곳이고 따뜻한 곳임은 모두가 공감하는 공간이었습니다. 그 에너지로 토론회를 개최하는 그날 우리 각자는 맡은 테이블마다 따뜻함과 겸허함 의연함으로 임하였습니다. 토론회를 하는 내내 긴장을 잠시도 놓지 못하며 구성원 한 분 한 분의 작은 목소리라도 반영하기 위해 세심함을 잊지 않아야 합니다.

토론회가 개최되는 동안 열심히 임하는 구성원들을 보노라면 내가 하는 이 일이 얼마나 중요한지 이 자리가 얼마나 중요한 자리임을 절실히 느끼며 더 열심히 임하는 자신을 느끼곤 합니다. 마친 후 구성원들의 눈빛과 표정이 달라져 있으며 언어 또한 달라져 있음을 가끔 느끼곤 합니다. 뭔가 변화가 생기었다는 생각이 들어 정말 감사함을 느낍니다. 토론회를 늘 하면서 드는 생각은 이 일을 내가 너무 사랑하고 가치 있게 여기며 이 일을 함으로써 나 자신이 더 가치 있고 소중한 사람임을 느끼게 됩니다. 퍼실리테이션의 길을 제시해 주신 교수님께도 늘 감사함과 고마운 마음을 전해 드립니다.

작은 조직이든 큰 조직이든 회의를 통해 궁극적 목표를 찾고 해결점을 찾으려 함께 노력하긴 하나 생각만큼 기대만큼 안 될 때가 있습니다. 우리는 경청과 상대방 관점의 대화에 익숙지 않은 문화에 살고 있습니다. 제대로 된 경청, 소통이 잘 되는 대화를 하고 있는지 점검해 봐야 할 필요가 있습니다. 퍼실리테이션이라는 도구를 통해 구조화하고 시각화 정교화 작업을 통해 모든 구성원이 납득할 만한 방향으로 갈 수 있도록 촉진자, 조력자의 역할, 중립자의 역할을 해야 합니다. 그리고 구성원들의 창의성을 끌어내는 따뜻한 리더의 역할, 잠재력을 끌어낼 수 있는 촉진자 그리고 전문성도 갖추어야 합니다. 처음 퍼실리테이션을 시작할 때 비하면 엄청난 폭풍 성장을 하였고 지금도 성장 중입니다. 늘 그곳에 교수님께서 함께 계셨고 '차려 놓으신 밥상에 숟가락만 얹었을 뿐'이라는 표현이 딱 맞을 듯합니다. 그리고 함께한 퍼실리테이션 동료분들도 나의 성장에 많은 원동력이 되어 주셨고 함께 할 수 있음에 늘 감사했습니다. 스스로를 가치 있게 느끼도록 이끌어 주신 교수님께 감사드리고 저 또한 희망을 늘 가슴에 품고 사람들 가슴에 꽃을 피울 수 있도록 돕는 따뜻한 퍼실리테이터가 되도록 꿈을 향해 담대하게 나아가겠습니다.

'오랫동안 꿈을 그리는 사람은 마침내 그 꿈을 닮아간다.'

늘 든든하게 버팀목이 되어주시고 힘이 되어주시는 교수님 감사드리고 좋은 인연으로 늘 함께하는 우리 퍼실리테이션 선생님들 늘 응원드리고 사랑합니다.

부록

APPENDIX

퍼실리테이터전문가양성 기초과정 1차

주제 1 : 퍼실리테이션, 퍼실리테이터의 정의

1. 퍼실리테이션 : 집단에 의한 문제해결, 아이디어 창출 등 모든 지식 창조활동을 지원하고 촉진하는 활동.

2. 퍼실리테이터 : 회의의 참석자들이 동등하게 논의에 참여하고, 목적을 이해하고 달성할 수 있도록 중립적인 위치에서 참여와 토론을 끌어내는 회의의 조력자.

3. 퍼실리테이터의 핵심역량

1) 좋은 경청 : 귀 기울여 듣는 것, 이해당사자의 주장은 있는 그대로 들어주고, 상대가 하고 싶은 말을 할 수 있도록 하는 능력.

2) 매력적 중재 : 서로 틀린 것이 아니라 각자 다름을 인정. 쟁점을 재구성하고 적절한 합의를 끌어냄.

3) 세련된 발표 : 또 다른 경청, 자신이 하고 싶은 말을 하는 것이 아니라 세상이 듣고싶은 말을 하는 능력.

4. 퍼실리테이터로서의 필요 덕목

1) 주어진 키워드들을 보고 자신이 필요한 덕목이라고 생각되는 키워드를 골라, 포스트잇에 하나씩 적어보기

2) 각자 적은 포스트잇을 테이블 위에 있는 전지에 붙여 각자 발표.

● 주제 2 : 네임텐트 제작, 공유 ●

1. 네임텐트를 제작하여 각자의 소개시간을 가진다.

1) A4종이를 3등분하여 텐트 모양을 접은 후, 바닥 칸을 제외한 1칸에 각자가 불리고 싶어 하는 이름, 바이오리듬을 숫자로 표현, 나의 관심 분야, 존경하는 인물, 나의 꿈, 바램 등을 차례로 적어보기

2) 네임텐트의 내용을 소개, 공유

예시)

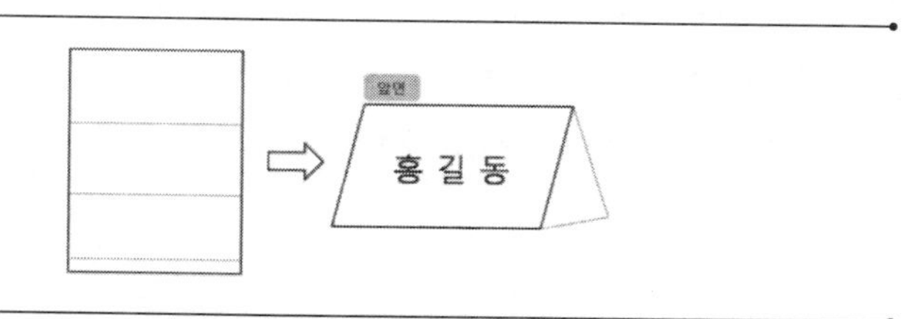

● 수업 사진 ●

퍼실리테이터전문가양성 기초과정 2차

주제 1 : 퍼실리테이터의 협업(우드 코인 교구)

1. 퍼실리테이션의 협업

- 개별성과 더불어 조화로움도 필요함.
- 개인 역량과 함께 협업 역량을 키우도록 연습.
- 개인의 다름을 인정하고 조화롭게 살아가는 것을 기본 전제로 함.

2. 교구 〈Wood Coin〉이용해 협업의 의미 알아보기

- 코인 5개로 테이블별 다양한 모형 제작
- 협업함으로써 서로서로 조력자가 되어 여러 가지 모형을 만듦

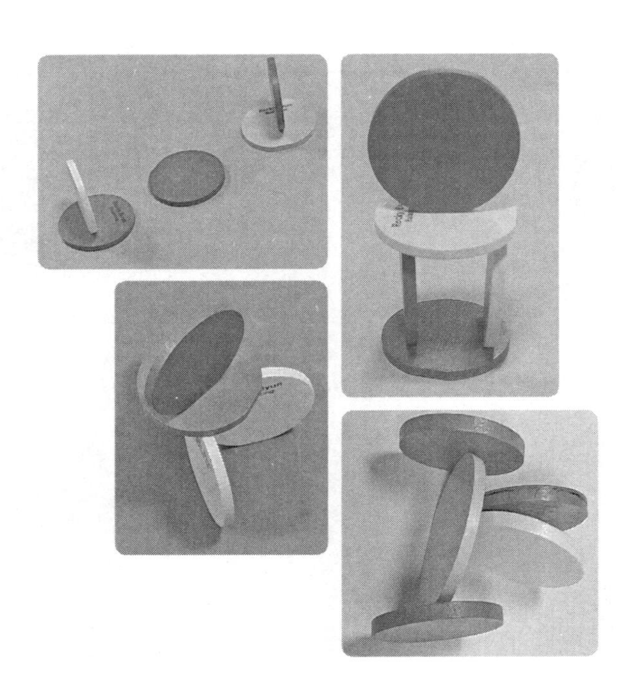

주제 2 : 두려움에 대한 전체토론(까봐 카드 교구)

1. 입론〈까봐 카드〉를 이용해 각자의 두려움에 관한 카드(개인별 3-5개) 선정

- 해당카드가 겹칠 경우 포스트잇 이용
- 생각한 내용의 카드가 없을 때 하나의 포스트잇에 하나의 내용 기재

2. 상호토론

- 각자가 선정한 두려움 내용에 대해 발표, 질의응답
- 내용의 주제별 포스트잇 다시 분류 후 키워드 작성
- 모둠별 상호토론
- 기존 4개의 모둠을 2개의 모둠으로 재배치하여 내용 공유 후 키워드별 재분류

3. 전체 토론

- 하나의 테이블에 모여 전체 내용을 공유한 후, 통합하여 재분류 후 전체 상호토론.

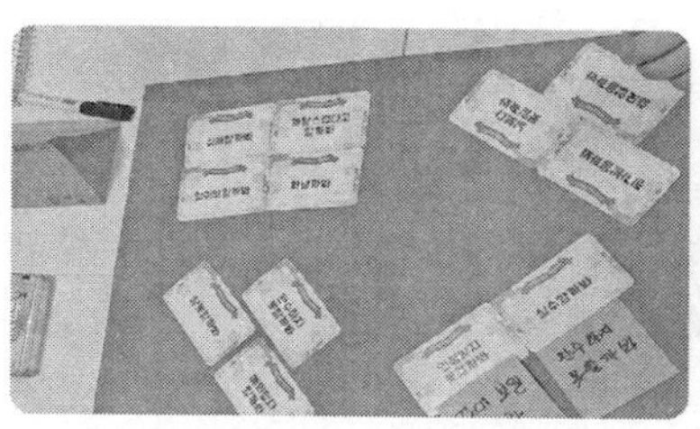

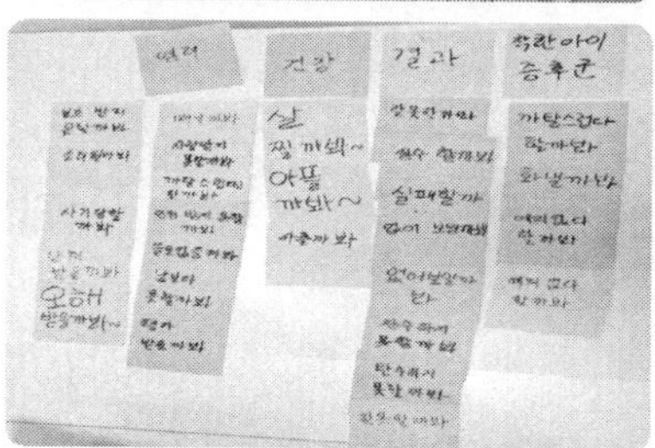

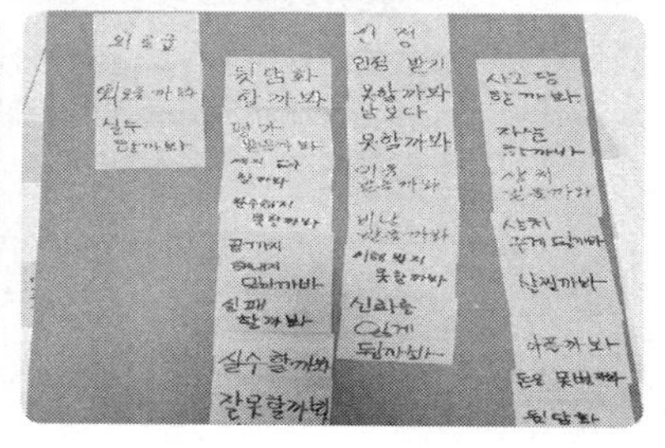

3. 참여자의 소감 발표

- 퍼실리테이터로서의 두려움을 미리 알려주기 위한 수업이라 의미가 깊음.
- 가족 간의 문제 발생 때 나의 잘못을 인정하고, 그들의 마음을 받아들이는 좋은 계기가 됨
- 발표의 두려움을 극복하겠다는 용기가 생김
- 무언가를 시작하는 것에 대한 두려움에 대해 직면하고 대처
- 수업에 참여할수록 육아에 대한 자신감이 생김
- 내면에 두려움이 쌓여갈수록 또 다른 두려움이 생김을 인지
- 두려움을 직면하고 대처하는 힘을 기름

*** 사용 교구-〈Wood Coin〉〈까봐 카드〉**

Wood Coin (우드 코인)은
동전 형태의 나무로 제작된 Rocky Byun Balancing 교구입니다.
Wood Coin (우드코인)의 측면과 평면을 이용하여
다양한 모양의 중심을 잡을 수 있습니다.

- 우드코인 : 출처 학토재 행복가게

까봐카드는
막연한 미래를 알아차리게 돕는 도구의 카드입니다.
"~할까봐"는 벌어지지 않은 미래의 일입니다.

까봐카드는 지금 내 감정이 불안할 때, 카드를 보면서 지금 내가 어떤 불안으로 가 있는지를 알아차리게 돕습니다.

까봐카드는 미래의 막연한 불안을 알아차리게 돕는 도구입니다. 카드 속의 단어들은 막연함에서 나온 것으로 구체적인 문제 해결에 힘을 실어줍니다. 문제해결의 힘은 곧 마음의 힘으로 연결됩니다. 현실의 문제를 해결할 수 있는 힘을 키워줍니다.

– 까봐카드 : 출처 디다봐학교 까봐카드

수업 사진

퍼실리테이터전문가양성 기초과정 3차

오프닝 : 만남과 환대를 통해 내가 느끼는 마음은?

1. 만남과 환대를 통해 내가 느끼는 마음은?

- 환대해주니 처음에는 약간 어색했는데 분위기가 밝아지고 기분도 좋아짐.
- 늦은 시간 도착했지만 환대해주니 마음이 편안해지고 기분이 좋아짐.
- 웃어주고 얼굴 봐주면서 환대해주니 서로 간에 마음이 열리는 것 같아 좋음.
- 모둠으로 활동하니깐 빨리 친해지고 구성원 간에 흡수도 빨리 되는 것 같음.
- 환대해주니 다음 시간에도 기쁜 마음으로 인사할 수 있을 것 같아 좋음.
- 환대를 통해 활력이 넘쳐나는 것 같아 좋음.
- 서로에 대해 반가움으로 기대와 활력이 넘쳐남.

주제 1 : 다양한 질문기법 5가지로 주제 선정해서 토론

주제 선정	주제 : 공부를 왜 하나요? 꼭 해야 하나요?
1. 나의 경험과 관련된 질문	공부하다가 어떤 게 힘들었니?
2. 사실적 이해를 돕는 질문	꿈을 위해서 필요한 것은 무엇일까?
3. 추리적 상상력 열린 질문	너의 목표를 위해 어떤 행동과 공부 방법이 필요할까?
4. 비판적 사고력을 키우는 질문	공부하지 않았을 때 미래는 어떤 모습이라고 생각하니?
5. 창의적인 질문	공부가 아니더라도 현재 즐겁게 집중하고 있는 것이 무엇이니?

1. 다양한 질문기법 5가지로 주제 선정하기 (20분)

- 각 테이블 퍼실리테이터 정하기
- 주제 선정하기

  1조 : 다이어트 어떻게 하면 좋을까요?

  2조 : 우리 아이가 책을 안 보는데 어떻게 하면 좋을까요?

  3조 : 내가 50세 전에 할머니가 된다면?

  4조 : 핸드폰 중독의 문제점

- 질문기법 5가지를 각 포스트잇에 적어보기

2. 각 테이블 상호토론 진행 (10분)

- 질의응답
- 5가지 질문 문항에 맞게 되었는지 분류하기
- 상대 의견에 예의를 지켜 서로가 매력적인 중재자가 되어보기

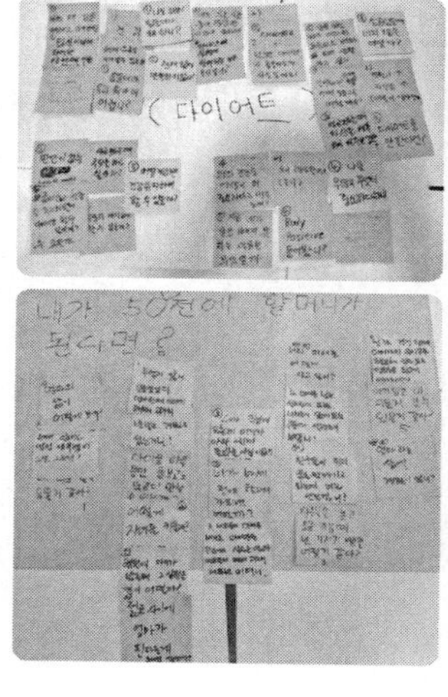

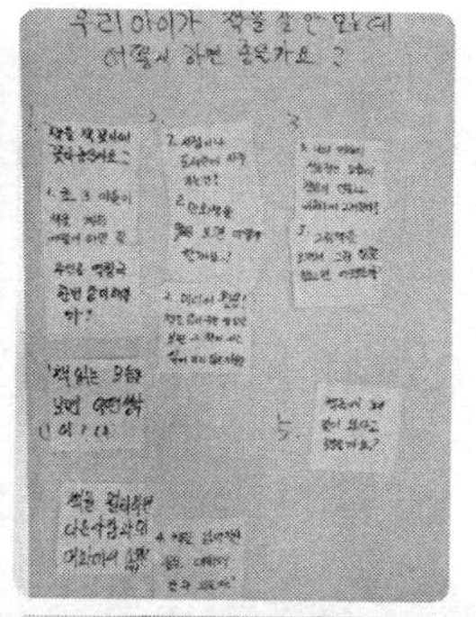

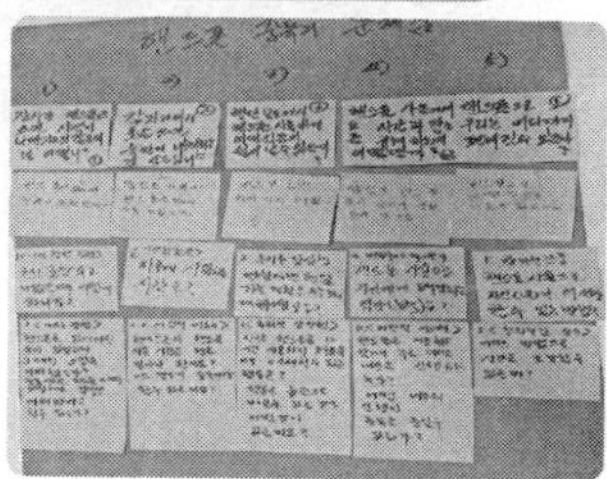

주제 2 : 퍼실리테이터의 핵심역량 (내가 환경이다.)

1. 내가 환경이다라고 알게 된 경우?

- 직장생활은 리더의 기분에 따라 그날 하루 사무실 분위기가 달라짐. 좋은 환경이

  좋은 사람을 끌어내고 또 좋은 환경이 좋은 미래를 만든다는 걸 알게 됨.

- 군대식으로 키웠는데 아이가 사춘기에 접어들면서 반항하게 됨. 가정환경이 얼마나 중요한지 알게 되어 아이들을 인정해 주고 존중해 주면서 관계 형성이 원만해짐.

2. 교수님 피드백

- 퍼실리테이터는 사고가 확장되어 있고 무엇이든지 열린 마음으로 좋은 태도를 보이면 참석하시는 분들은 불편함 없이 편하게 참여할 수 있는 환경이 됨. 한 사람 한 사람이 환경임.

- 매력적인 중재자가 되면 참석하시는 분들은 존경심이 생기면서 적극적으로 조력해주고 싶어짐. 그래서 우리는 다 어디에 가든지 환경임.

클로징 : 참여자 소감 (5가지 질문기법을 통해 느낀 점 공유)

- 다양한 질문을 하도록 노력하겠습니다.

- 생각에 힘을 키울 수 있어 좋았습니다.

- 5가지 질문기법을 적용하면 앞으로 더 나은 방향으로 발전할 것 같습니다.

- 질문을 통해서 스스로가 많이 발전할 것 같습니다.

- 사람들한테 많은 영향을 주는 질문을 통해 스스로 성장할 수 있는 시간이 되었습니다.

- 다양한 의견들을 물어볼 수 있는 스킬을 키워야겠습니다. - 열린 마음으로 좋은 질문을 많이 하는 생활을 갖도록 노력하겠습니다.
- 상황에 맞게끔 질문을 할 수 있는 능력을 키워야겠습니다.

수업 사진

퍼실리테이터전문가양성 기초과정 4차

● 주제 1 : 인권 주제 토론(학생 교사 학부모) ●

1. 학생 인권, 교 사인권, 학부모 인권에 관해 토론 실습

- 현재 이슈가 되고 있는 주제에 대해 각자의 의견을 생각해보고, 각 인권에 대해 각자의 시각에서 생각하여 적어보기.
- 각 인권 주제별 포스트잇 하나에 작성
- 각 테이블 퍼실을 지정하여 입론 - 상호토론 진행
- 학생, 교사, 학부모 간의 매력적 중재의 중요성에 대해 논의함
- 옳고 그름을 따지지 않고 상호 존중을 바탕으로 합리적으로 생각하기.

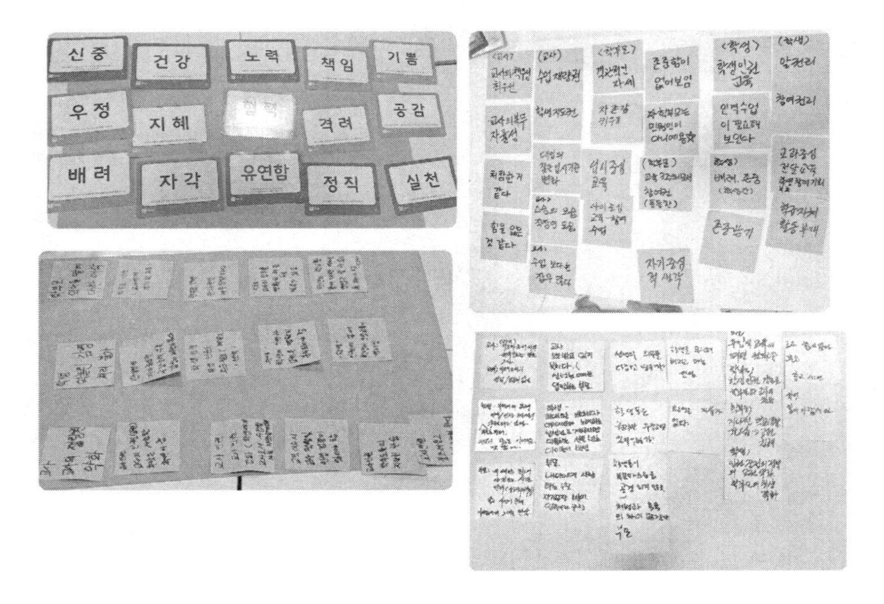

주제 2 : 시점에 따른 나에 대해 토론 (픽쳐 카드 교구)

1. 입론〈픽쳐 카드-이미지프리즘〉교구이용

- 나의 과거, 현재, 미래를 표현한 카드를 각 한 장씩 선택
- 나의 관점에서 과거와 현재의 진단과 미래의 희망을 표현

2. 상호토론

- 테이블 퍼실의 진행에 따라 각자가 선정한 카드 그림과 함께 발표, 질의응답
- 각자 발표 후, 그림 카드를 뒤집어 뒤에 적힌 키워드와 함께 그림을 비교해본다.

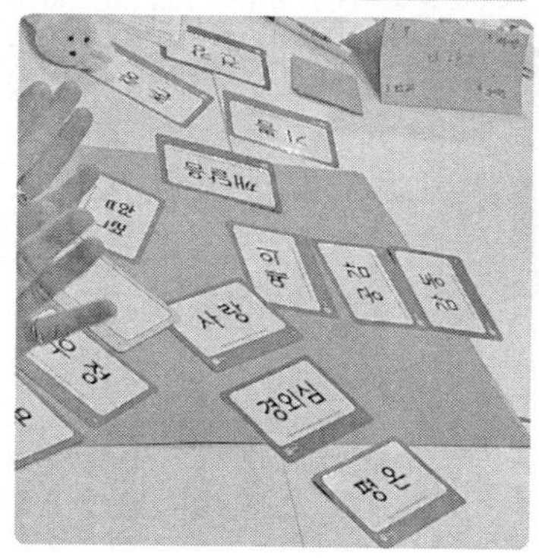

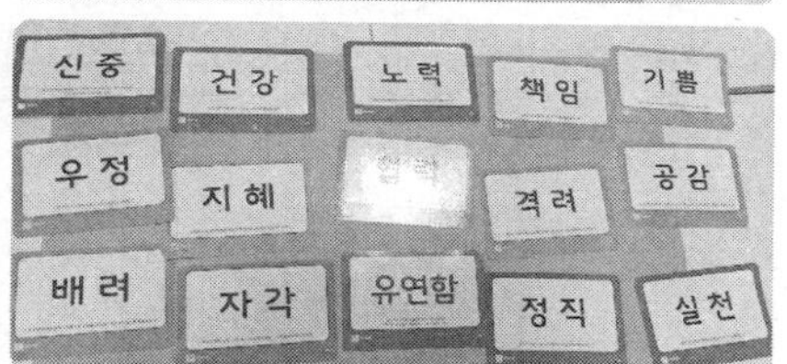

● 3. 참여자의 소감 발표 ●

- 타인 앞에 나서기가 두려웠지만, 수업 회차가 진행될수록 나의 열정이 점점 표현되는 것 같아 뿌듯함을 느낌
- 존중하는 마음이 점점 결여되는 것 같아 안타깝고, 아이 어른이 서로가 존중해 가는 것이 중요하다고 생각함
-내가 나아가야 할 방향을 인지, 자각할 수 있는 수업이어서 좋았음
- 모두의 삶 안에서 각자가 그 삶의 리더임을 인지하는 시간이었음
- 매번 긴장되는 수업이지만, 발표 연습을 통해 점점 나아지는 자신을 발견함
- 누군가의 추천으로 듣게 된 수업이지만, 나 자신을 바꾸게 되는 계기가 됨
- 좋은 방향성을 제시해 주는 사람이 진정한 리더임을 인지함
- 더 좋은 사람, 더 좋은 인생의 리더가 될 수 있는 용기가 생김
- 퍼실이 생소한 분야였지만 시간이 지날수록 많은 배움으로 점점 알아가는 즐거움을 느낌
- 퍼실이 공인중개사와 유사하며 중재의 중요함을 인지함
- 열려있지 않은, 유연하지 않은 나를 발견할 수 있는 시간이었고 점점 나아질 거라는 기대가 생김

***사용 교구-〈이미지 프리즘-픽쳐카드〉**

* 삶의 이야기를 촉진하는 스토리텔링 교구
* 상상력과 아이디어를 자극하는 창의성 교구
* 생각. 감정. 의미. 욕구를 공감하는 소통 교육기구

– 이미지프리즘 : 출처 학토재 행복가게

수업 사진

퍼실리테이터전문가양성 기초과정 5차

● 주제 1 : 퍼실리테이터가 되기 위해서 장·단점 (각2가지) ●

1. 퍼실리테이터가 되기 위해서 지금 나에게 극대화시킬 장점, 수정보완 해야할 단점(2가지)

- 장.단점 키워드 각2가지 선택
- 절지 중심으로 장, 단점 분류해서 나열하기
- 퍼실리테이터 선정하기
- 발언 시간 (각자 1분)

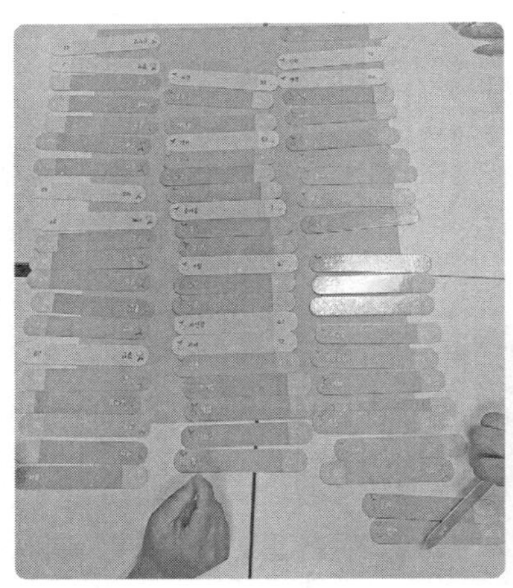

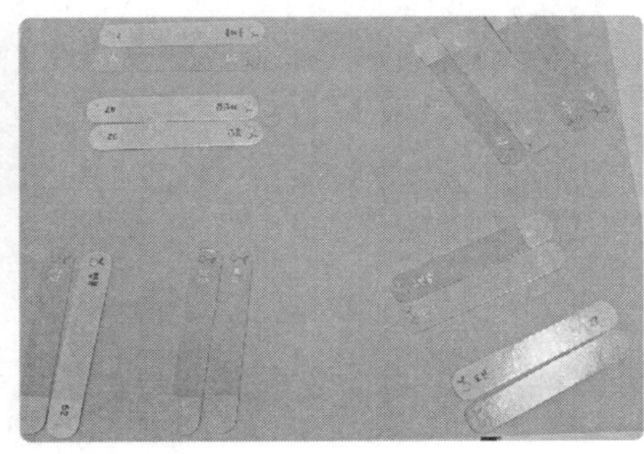

주제 2 : 내가 부족한 덕목(2개) vs 집중해야 할 것(2개)

1. 각 테이블 퍼실리테이터 정하기

2. 팀이름 정하기

- 포스트잇 한 장에
- 하나의 아이디어 적기
- 네임펜으로 적어 주기
- 이유 설명하기
- 팀이름 결정하기 (사랑에 작대기)

3. 내가 부족한 덕목 (2개) vs 집중해야 할 것 (2개)

- 키워드 찾기
- 포스트잇 적기
- 우선순위대로 절지 위에 올리기
- 발언 시간 (각자 1분 30초)

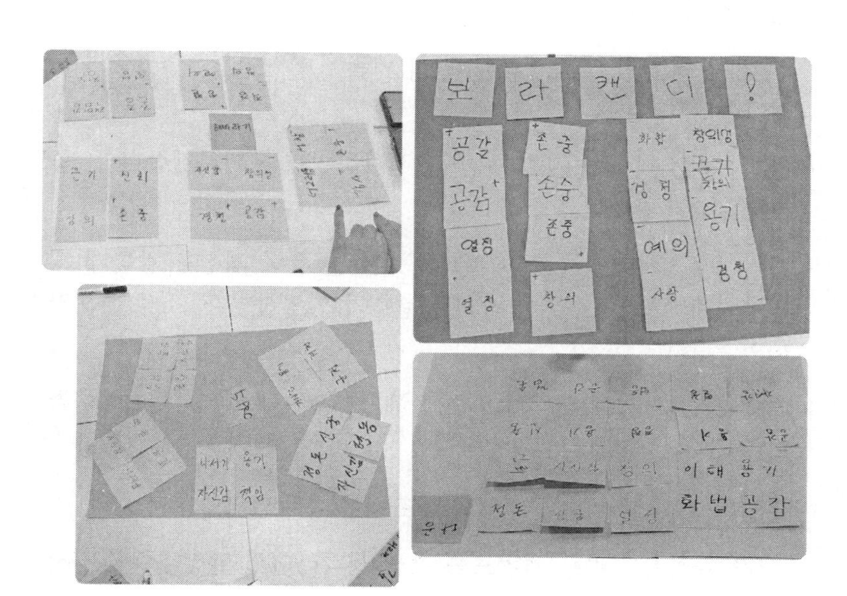

수료식을 마치고 짧은 소감 공유

- 직장에서 약간의 갈등과 잡음이 있었는데 중재 역할을 잘해서 문제해결이 되었습니다.
  수업 때 배운 내용을 바탕으로 앞으로도 매력적인 중재자가 되겠습니다.
- 행복한 시간이었습니다. 교수님에 잔잔한 강의 스킬을 저도 닮고 싶습니다.
- 생소한 수업이었지만 첫 시간부터 너무 좋았고, 회차 시마다 기다려지고 만족스러웠습니다.
- 다른 사람보다 더 잘 보이고 싶어서 항상 앞에 서면 긴장하고 틀리지 않을까 조심스러웠는데 수업을 통해 단련된 것 같습니다. 앞으로 매력적인 조력자가 되고 싶습니다.
- 직원이 함께 들었는데 수업을 통해 친근하고 더욱 친밀한 관계 형성이 되어 좋았습니다.
- 참 많이 배웠고 많은 분을 통해서 배울 수 있는 시간이었습니다. 감사합니다.
- 경청, 겸손, 존중 키워드를 항상 생각하면서 생활하겠습니다. 좋은 시간이었습니다.
- 가정에서 일방적인 소통이었는데 교육을 통해 경청을 잘하게 되었고 가정이 의사소통이 잘되는 변화가 있었습니다. 소중한 시간이었습니다.
- 적재적소에 나타나 준 강의였고, 해결책을 선물 받은 수업이었습니다.
- 수업을 통해 삶의 변화가 있었고 도움이 너무 많았습니다.
- '내가 환경이다'라는 키워드를 항상 생각하면서 열강해주신 강사

님 감사합니다.

- 가슴속에 비밀을 간직하고 생활하는데 그걸 끄집어내어 이야기를 나누는 시간이 신선한 충격이었습니다. 이 학문이 필수항목이 될 수 있도록 체계화해서 확대될 수 있도록 다 함께 노력해야 할 것 같습니다.

***사용 교구-〈이미지 프리즘-픽쳐카드〉**

| 소개

씨앗 덕목 스틱은 씨앗 덕목 카드에 들어있는 63개 미덕을 스틱 형태로 만든 것으로 인성 교육할 때 재미와 흥미를 더 할 수 있도록 만들었습니다.

| 구성 및 사양

씨앗 덕목 스틱 총 63개
씨앗 덕목 스틱 케이스 1개

● 수업 사진 ●

- 씨앗덕목카드 : 출처 학토재 행복가게

* 수업에 사용되는 도구는 변경 가능하며 특정 브랜드와 전혀 상관 없습니다.

퍼실리테이션기법을 활용한
학생회 토의/토론

2022.06.11(토)
부산항국제전시컨벤션센터

OO교육청

활동소개

149개 부산시내 고등학교 학생회 임원들과
퍼실리테이션 기법을 활용한 토의, 토론을 진행했습니다.

OO교육청

학생발표

파워레인저

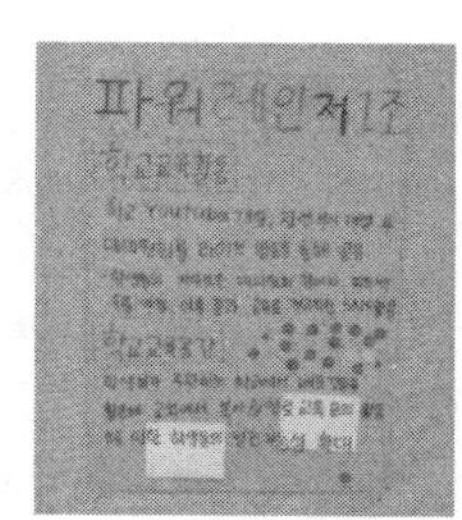

1. 교육활동

학교 유투브 개설, 관련 부서 개설 후 대의원회를 라이브 방송을 통해 공유
: 학생들의 자유로운 대의원회 참여와 피드백 수용 가능,
이후 결과 공유로 적극적인 SNS 활용

2. 교육 공간

학생회가 주관하는 봉사&진로교육 활동
: 학교에서 배운 것들을 활용해 교외에서 봉사&진로교육등의 활동으로
학생들의 발전 가능성 확대

OO교육청

학생발표

E벤저스

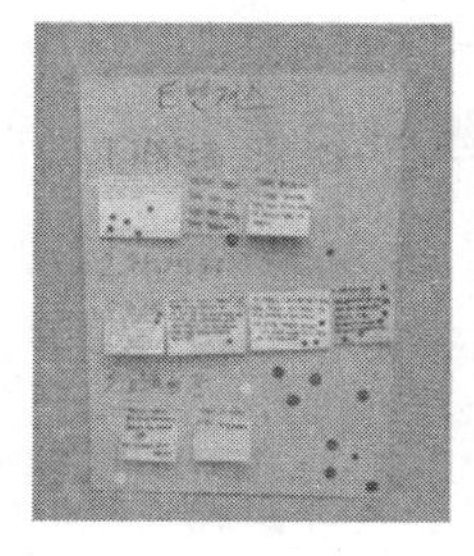

1.교육활동

방과 후 활동이나 동아리 활동을 선생님의 주도하에
강압적으로 실행하는 것이 아니라
학생들끼리 모여서 학생들이 원하는
자율 활동이 실시되어 학생들의 창의력을 길러주면 좋겠다 .

2. 학교문화

각 학년뿐만 아니라 각 반과의 교류가 적어
단합과 소통이 불가능한 상황이므로
학교 전체가 하나되는 학교 행사를 진행해야 한다.

3. 교육공간

학교에서 사용하지 않는 공간을
학생주도로 활동할 수 있는 공간으로 제공해 주었으면 한다.

예) 버스킹 장소, 동아리 활동장소, 학생 휴게실

OO교육청

학생발표

5G는 5조

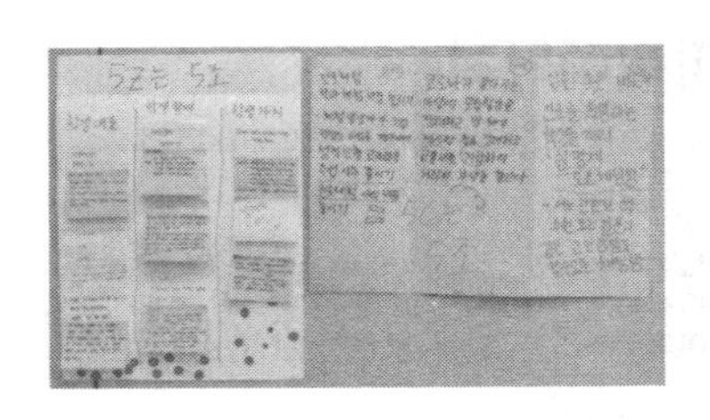

1.교육활동

진로 체험, 학과 체험 비중 늘리기
: 체험 담당자가 직접 학생의 태도를 평가하여 성적 산출,
교과과목 수업 시수 줄이기,
진로체험 야외 비중 늘리기

2. 학교문화

모둠 활동 장려, 각 반 게시판 활동 장려,
교통비를 지급하여 거리적 부담을 줄이기

3. 교육공간

'실명제 오픈 채팅방' 만들기
: 비슷한 진로를 희망하는 학생들끼리
서로 관련된 책 추천 or 질문과 같은 고민 상담도 가능

OO교육청

학생발표

부산교육구조

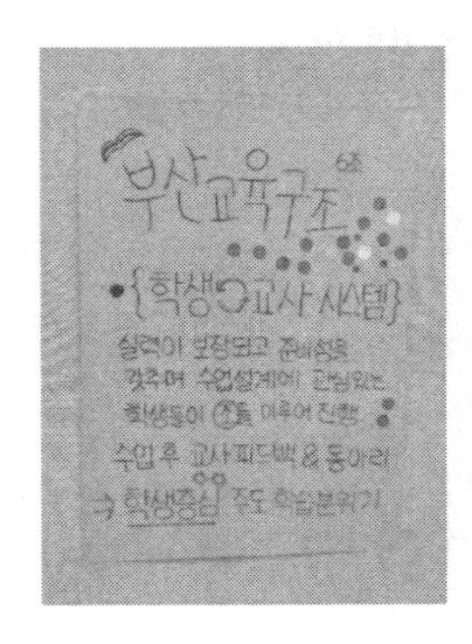

교육활동

학생<->교사 시스템
: 수업 설계에 관심있을 뿐만 아니라
준비성과 실력을 갖춘 학생들이 조를 이루어 진행
수업 후 교사 피드백&동아리 ->학생중심 주도 학습 분위기

OO교육청

학생발표

대한민국의 미래들은 이렇게 말했다!

1. 교육활동

전자기기를 이용한 수업,
일상 생활에 스며드는 교육,
의견을 받아 수업방식 개선

2. 학교문화

학생 스스로 활동
진로 탐색 활동

3. 교육공간

학생들의 의견이 적극 반영된 그린 스마트 학교
:휴식공간, 문화공간, 학습공간이 다양한 학교

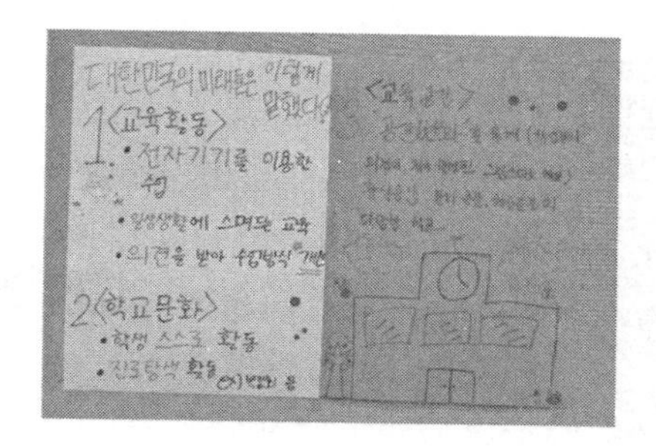

OO교육청

학생발표

그린어스

1.교육활동

절대 평가

2.학교문화

동아리 전문화

3.교육공간

휴식공간

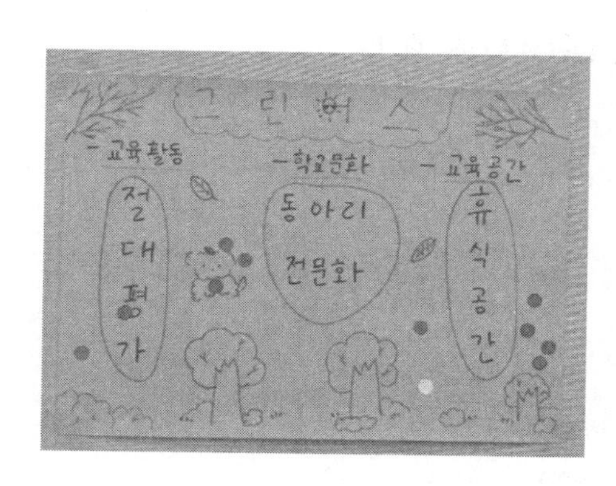

OO교육청

학생발표

불사조

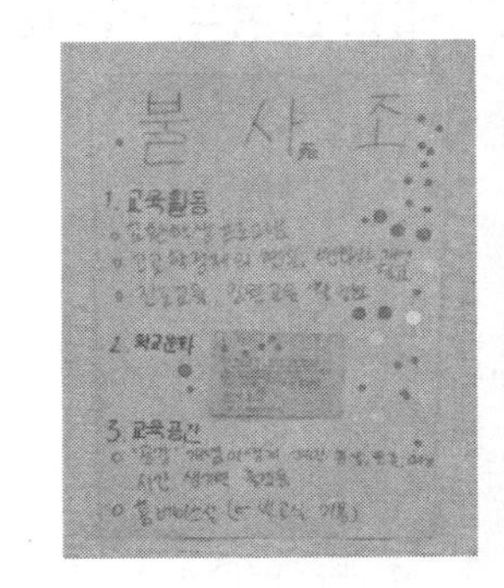

1.교육활동
교환학생 프로그램
고교학점제의 현실,변화와 개선 필요
진로교육,임원교육 활성화

2.학교문화
만남의 날 지정
:학생 대표 약간 명, 교사 대표 약간 명 , 교장 ,교감 선생님이 함께 모여
학교 생활 현안에 대해 서로의 의견을 들어보고 문제점과 해결방안을 논의
(학생들의 의견수렴의 원활)

3.교육공간
'공강' 개념이 생겨 개인 휴식, 토론, 여가 시간 확보
홈베이스실(빈 교실 이용)

OO교육청

학생발표

아이시스 9.0

1.교육활동
학생과 교사가 소통하는 수업
토의토론 활성화, 관련 수업과 영상연결

2.학교문화
동아리 다양화,
동아리 간 선의의 경쟁,
동아리 간 연계활동 확대

3.교육공간
학생만을 위한 휴식공간 설치
자치활동과 토의토론을 위한 학생자율공간 확대
회의실,체육시설

노력99%+ 실현가능성 1%=혁신!

OO교육청

빛나고 10조

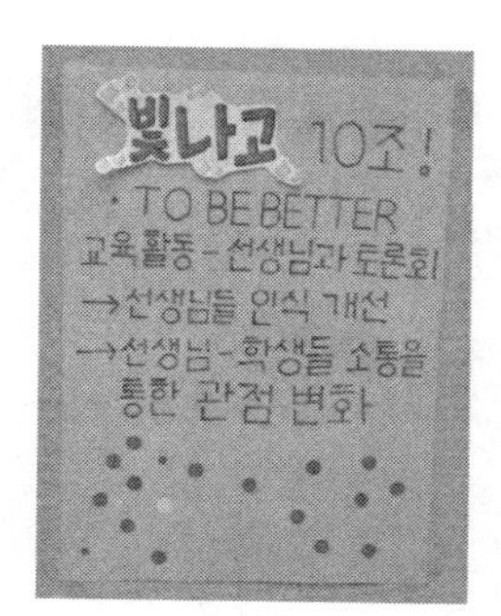

1.교육활동

선생님과 토론회
: 선생님들 인식 개선
선생님과 학생간 소통을 통한 관점 변화

OO교육청

백절불요

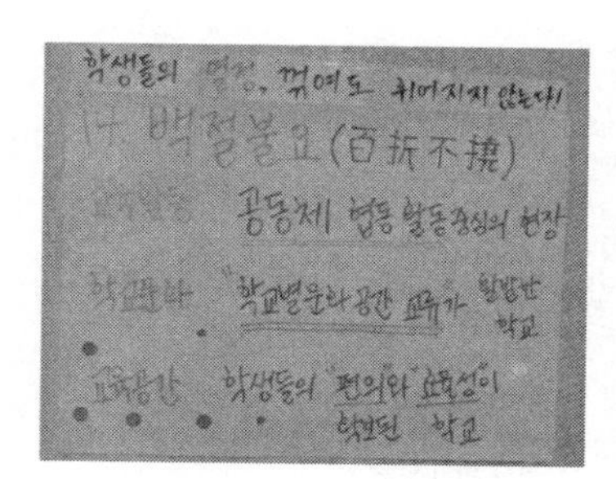

1.교육활동
공동체 협동 활동 중심의 현장

2.학교문화
학교별문화공간 교류가 활발한 학교

3.교육공간
학생들의 편의와 효율성이 확보된 학교

OO교육청

◦ 학생발표 ◦

아자아자 캡송 짱

학교문화
추억을 남길 수 있는 학교

OO교육청

◦ 학생발표 ◦

학생의 힘

학교문화
1. 급식간담회
→ 잔반의 양이 감소하여 환경 미화 가능
→ 학생들의 만족도 향상, 건강한 식습관 유지
→ 학교 자체에 대한 만족도 상승

2. 이벤트 활성화
→ 학생들이 학교에 대한 관심도 상승
→ 민주 의식 함양
→ 애교심 상승

: 학생들이 학생에 대한 관심이 높아져 교육청에서도 이를 반영하고자 학교 방문 횟수가 늘고 학생의 의견이 더 반영된 교육 정책이 생길 것이다.

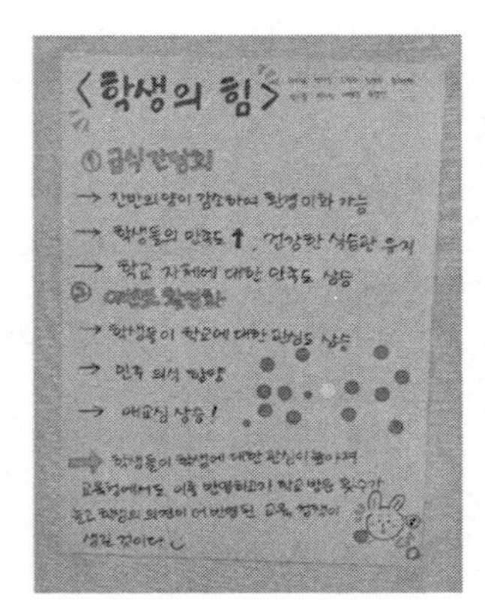

OO교육청

학생발표

미지수(미래지향수업)

1.교육활동
본질적인 목적

2.학교문화
자치주도

3.교육공간
예) 하늘정원
발표식 수업을 위한 공간 설계
인테리어 설계도 공모

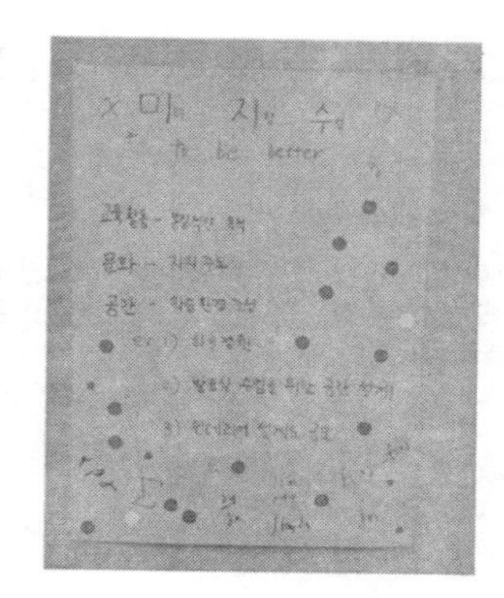

OO교육청

학생발표

8방미인

1.교육활동
무감독 시험

2.학교문화
사복의 날

3.교육공간
교내 영화관

OO교육청

차세대 혼성 아이돌 그룹

1. 학교문화

학교 간 연합 행사가 있지만 공식적으로 공개가
되지 않아 교육청에서 공고를 해주면 좋을 것 같다.
→ 학교 간 교류 활성화

2. 교육공간

학교 연합 협의회 주기적 실기
예) 학술제, 프롬파티 등

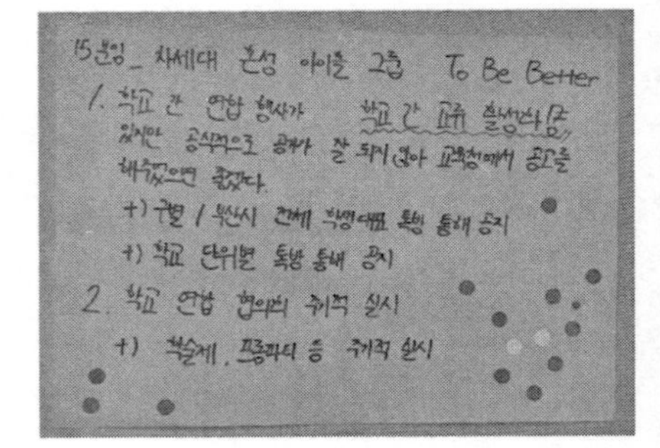

OO교육청

Doing하는
낭만 18세 파이팅!!

OO교육청

2023 스쿨퍼실리테이션 연수

| 1모둠 | 문O , O지, SOO-OO |

주제1 – 혼자일 때 나다움

▶ **선O인** : 주사위의 확률처럼 정해진 사람, 없는 길도 만들어 가는 사람, 파동처럼 좋은 에너지를 전하는 사람

▶ **O지** : 혼자 조용히 있기를 좋아하는 사람, 시끄러운 소음을 싫어하는 사람

▶ **문O** : 폰을 한순간도 놓기 어렵고 컴퓨터 없이는 살지 못하는 사람, 가만히 있을 땐 무한정 조용한 사람

주제2 – [~ 까봐] 각자의 두려움

▶ ● **O지** : 미움받을까봐, 상처받게 할까봐, 지치거나 포기할까봐, 꼰대가 될까봐

▶ **문O** : 함부로 할까봐, 화낼까봐, 실수할까봐, 아플까봐, 기계적으로 할까봐

▶ **SOO-OO** : 기한내 끝내지 못할까봐, 아플까봐

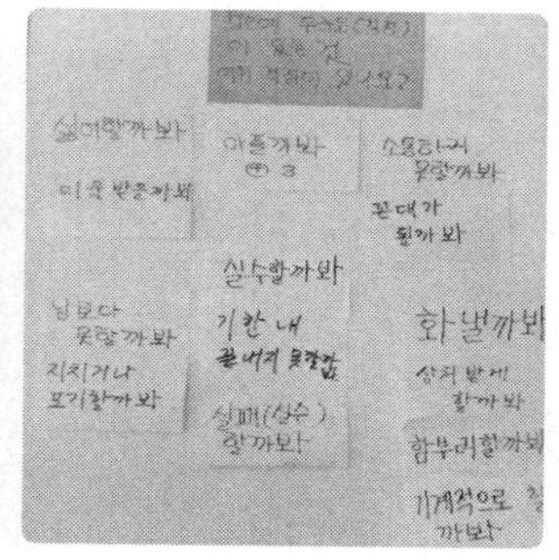

| 2모둠 | 다O이, 선O님, O글이, 정OO |

● 주제1 – 혼자일 때 나다움 ●

▶ **다O이** : 주중 역동적인 생활 패턴 , 주말의 여유로움을 찾기 위한 여행, 기록을 통한 나 돌아보기

▶ **선O님** : 가면을 쓰고 산 삶, 화려해 보이는 것과 다른 현실, 드라이 플라워는 예쁜게 아니라 죽은 것

▶ **O글이** : 나를 도와 줄 이가 절실, 이야기 들어주는 고마운 남편, 나를 생각하는 시간

▶ **정OO** : 프로 선수가 되지 못한 아쉬움, 프로 골퍼의 꿈, 열심히 일하는 모습

● 주제2 – [~ 까봐] 각자의 두려움 ●

▶ **선O인님** : 철가루 될까봐(모든 사람들이 들러붙을까봐), 인기가 없을까봐, 학생들에게 정 떨어질까봐, 인정받지 못할까봐, 마음의 평안을 잃을까봐

▶ **Oeal** : 사람을 미워할까봐, 다른 사람에게 미움받을까봐, 약해보일까봐 실수할까봐, 나태해질까봐

▶ **OC** : 소중한 사람에게 상처줄까봐, 소중한 걸 잃을까봐

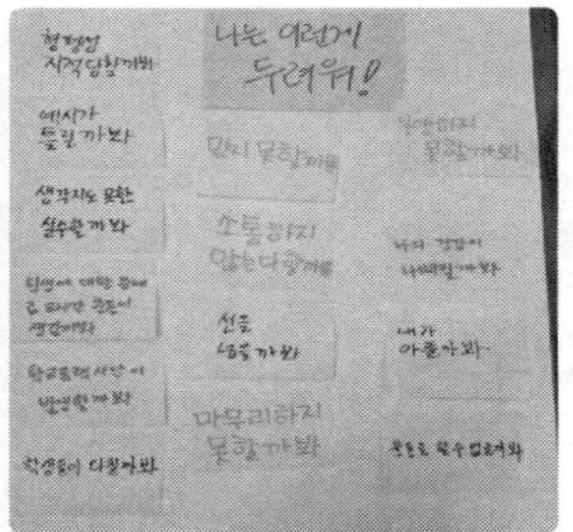

| 3모둠 | Oeal, OC, 선O인 |

● 주제1 – 혼자일 때 나다움 ●

▶ **선O인** : 책임감에서 약간 벗어나 자신을 돌아보는 삶을 찾으려 함. 자신이 좋아하는 사진찍기.

▶ **Oeal** : 노래부르기. 교사 생활을 하면서 점점 변해가는데, 기존 자신의 모습을 잊지 않기 위해 노력함.

▶ OC : 먹방 찍고, 운동하고, 여행 다님. 마이크 잡는 게 좋음.

● 주제2 – [~ 까봐] 각자의 두려움 ●

▶ **선O인님** : 철가루 될까봐(모든 사람들이 들러붙을까봐), 인기가 없을까봐, 학생들에게 정 떨어질까봐, 인정받지 못할까봐, 마음의 평안을 잃을까봐

▶ **Oeal** : 사람을 미워할까봐, 다른 사람에게 미움받을까봐, 약해보일까봐 실수할까봐, 나태해질까봐

▶ **OC** : 소중한 사람에게 상처줄까봐, 소중한 걸 잃을까봐

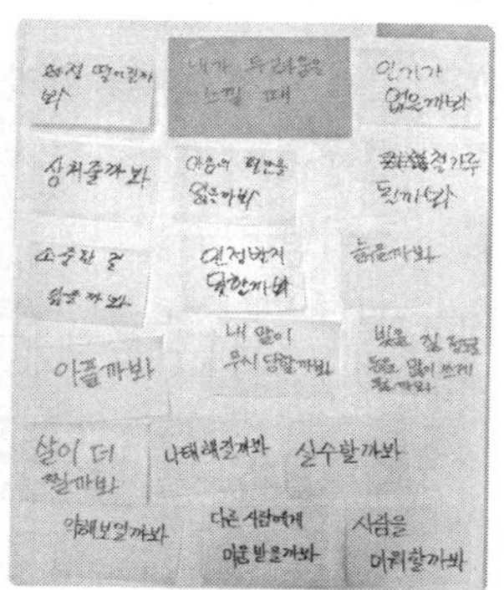

| 4모둠 | O구, 함께 있고 싶은 OO, O구, OO나무 |

주제1 – 혼자일 때 나다움

▶ **O구** : 애들 키우고, 계획적인 성격, 혼자 시간이 꼭 필요한데, 혼자 시간은 걷기와 독서

▶ **함께 있고 싶은 OO** : 양육 키움 잘하고 밝은 나는 혼자 있는 시간에는 멍하니 계속 돌아보며 자책 또는 자만. 올해 목표는 그런 생각멈춤.

▶ **O구** : 묵묵히 일하며 가면쓴 삶. 구지 나의 모습을 보이지 않음. 잠과 TV시청 휴식으로 혼자시간 보냄

▶ **OO나무** : 조용히 산책하며 온전한 나를 느낌.국어과 교사로 독서 도서관 감.

주제2 – [~ 까봐] 각자의 두려움

▶ **O구**: 오류나 실수가 있을까봐

▶ **함께 있고 싶은 OO**: 오만할까봐(경력이 오래되서)
내가 알고 있는 것이 오류까봐(세상이 변해서)
소외되는 친구들이 생겨날까봐

▶ **O구**: 화를 내서 실수할까봐, 수업이 재미없을까봐
학생들이 말을 듣지않을까봐, 학생들이 싸워서 업무가 늘어날까봐

▶ **OO나무**: 마스크를 벗고 서로 알아보지 못할까봐, 화를 낼까봐

2 | 두그룹 모둠활동

| 1, 4모둠 | OO나무, O구, 함께 있고 싶은 OO, O구, SOO-OO, 문O, O지 |

두려움 키워드 분류

1. 실수
2. 소통
3. 화

4. 업무, 미움
5. 건강
6. 포기

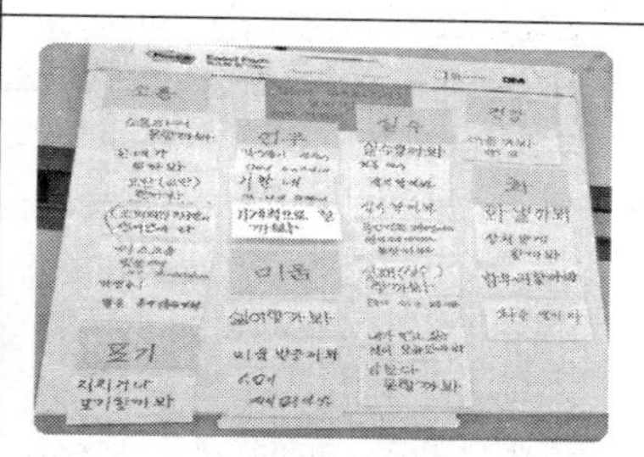

| 2,3모둠 | OO나무, O구, 함께 있고 싶은 OO, O구, SOO-OO, 문O, OXIOC, Oeal, 선O인, 정OO, 선O님, 다O이, O글이 |

주제 1. 두려움 키워드 분류

1. 실수
2. 소통
3. 화

4. 업무, 미움
5. 건강
6. 포기

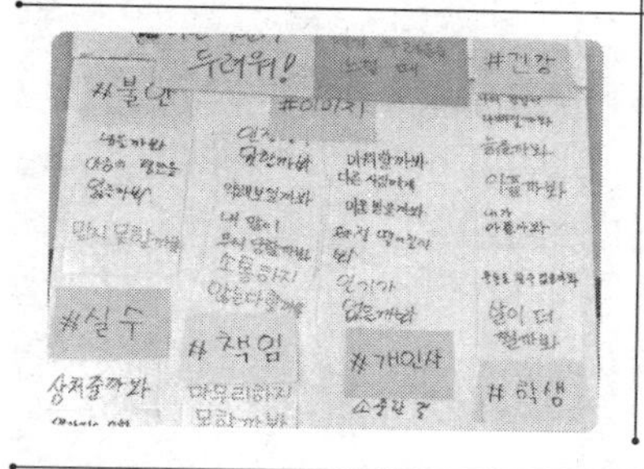

3 | 전체 모둠활동

| 전체모둠 | OO나무, O구, 함께 있고 싶은 OO, O구, SOO-OO, 문O, OXIOC, Oeal, 선O인, 정OO, 선O님, 다O이, O글이 |

● 두려움 우선 순위 ●

1. 실수
2. 소통
3. 화

* 중요한 업무로 인한 사안 처리에 실수하면 큰 화근이 될뿐더러 다른 선생님들에게 민폐를 끼치게 되고, 학생들과의 관계에서 실수하면 사이가 틀어질까봐 두렵다는 의견

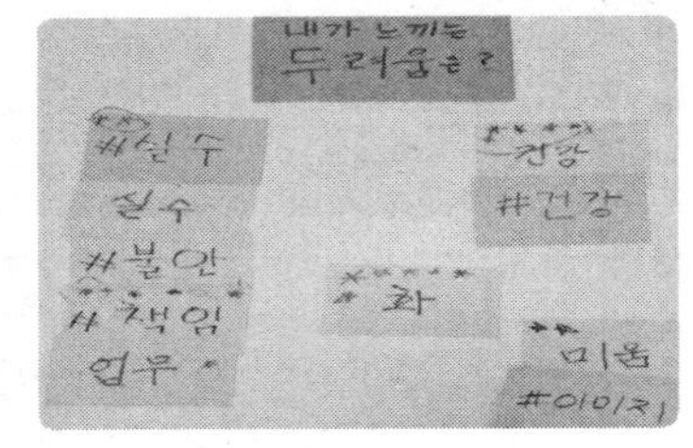

4 | 활동사진 1

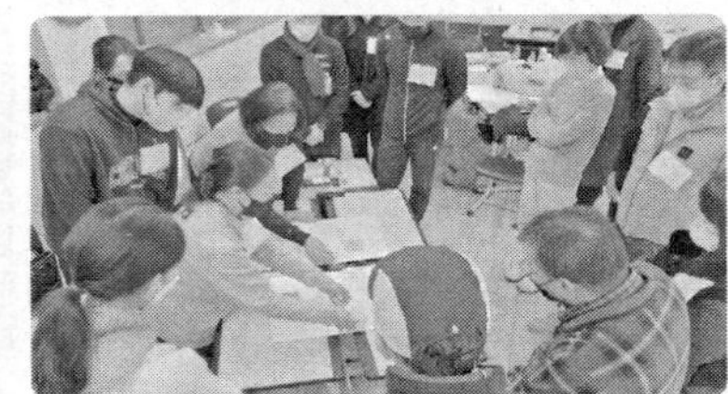

6 ㅣ 결과물 사진

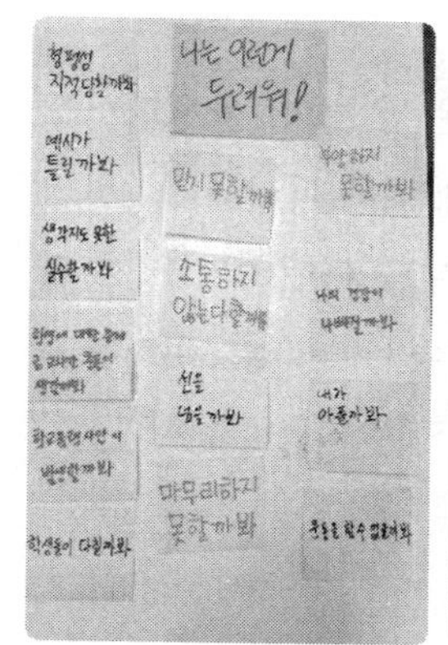

나는 이럴 때 두려워!
예시가 틀릴까봐
소통하지 않는다할까봐
마무리하지 못할까봐
학생들이 다칠까봐

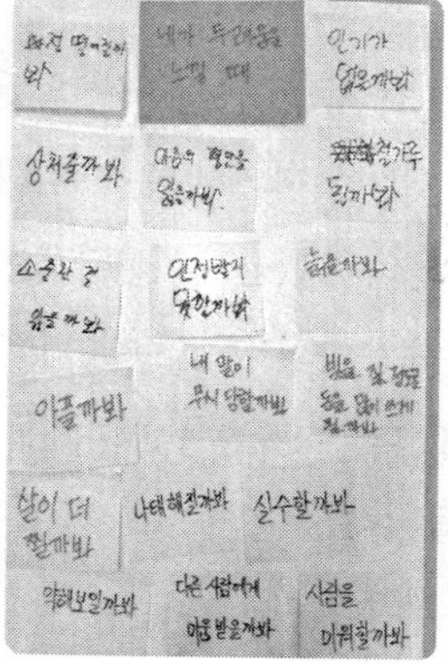

상처줄까봐
아플까봐
살이 더 찔까봐
나태해질까봐
실수할까봐
사람을 미워할까봐

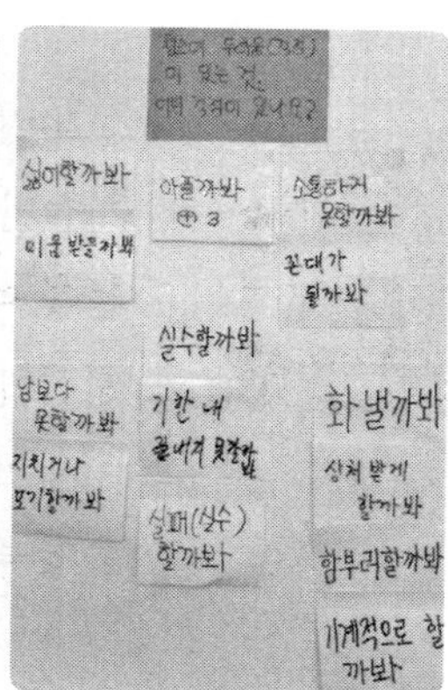

실수할까봐
아플까봐
소통하지 못할까봐
꼰대가 될까봐
미움 받을까봐
남보다 못할까봐
화 낼까봐
지치거나 포기할까봐
실패(실수) 할까봐
상처 받게 할까봐
기계적으로 할까봐

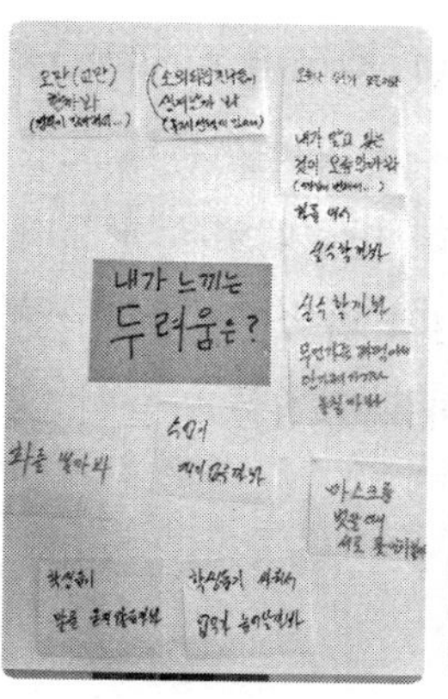

내가 느끼는 두려움은?
화를 낼까봐
실수 할까봐

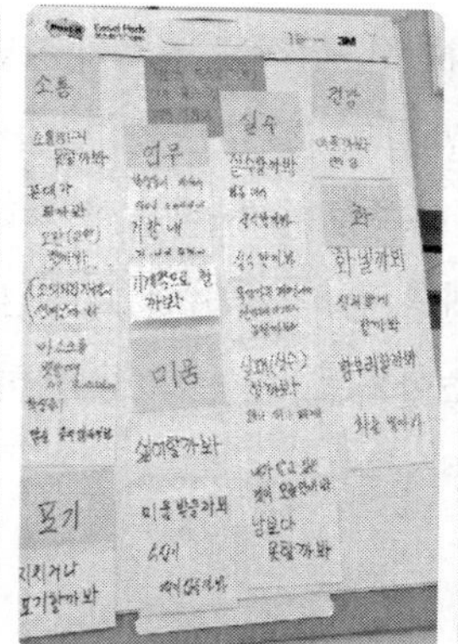

소통
업무
실수
건강
화
미움
포기
실수할까봐
화 낼까봐
남보다 못할까봐
지치거나 포기할까봐

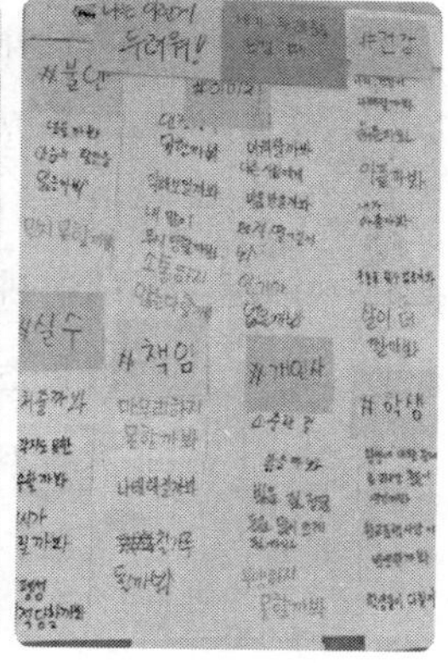

나는 이럴 때 두려워!
#불안
#건강
#실수
#책임
#개인사
#학생
아플까봐

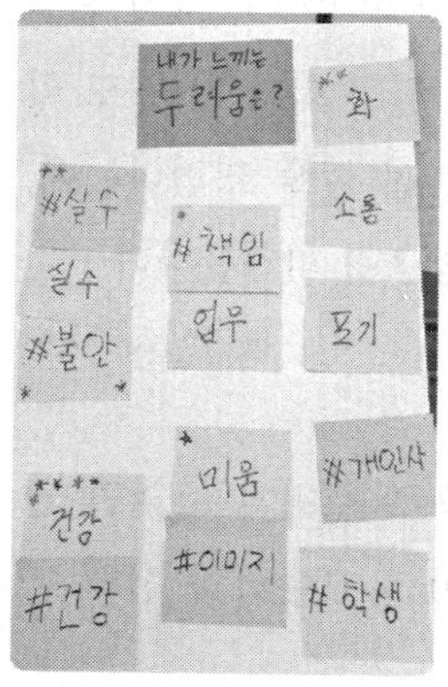

내가 느끼는 두려움은?
화
#실수
소통
#책임
실수
#불안
업무
포기
미움
#개인사
건강
#이미지
#건강
#학생

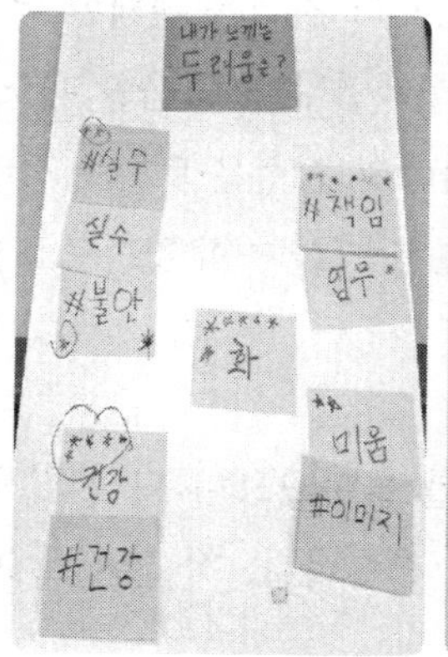

내가 느끼는 두려움은?
#실수
실수
#책임
#불안
업무
화
미움
건강
#이미지
#건강

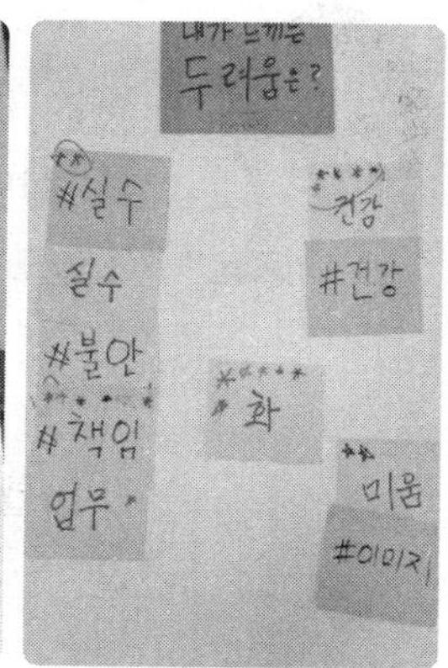

내가 느끼는 두려움은?
#실수
건강
실수
#건강
#불안
화
#책임
업무
미움
#이미지

에필로그

우린 '옳지만 친절하지 않은 말'보다 '옳으면서도 친절한 말'을 하게 하는 마쉬멜로우 퍼실리테이션의 문을 막 통과했습니다. 다음은 또 어떤 이야기가 펼쳐질까요? 정현진 교수님과 여러 퍼실리테이터분과 이제 또 다른 여정을 떠나려 하는 지금 두근두근 가슴이 뜁니다.

– 송진영 부장

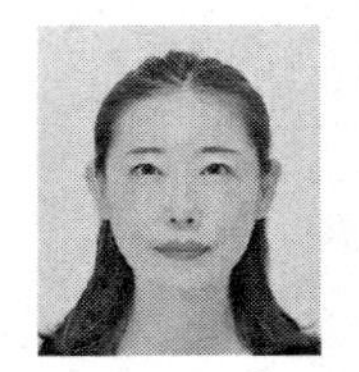

저마다의 생각도 훌륭하지만, 모이면 더 나은 결과를 만들 수 있다는 걸 퍼실리테이션을 통해 느낍니다. 옳음보다 친절을 선택한 마쉬멜로우 퍼실리테이션을 통해 정현진 교수님과 한국퍼실리테이션 협동조합처럼 마음이 일을 하는 환경을 만들어 나가길 바랍니다.

– 송은희 실장

옳음보다 친절을 선택한 퍼실리테이터. 사실 쉽지 않은 선택입니다. 억울할 때도 있고 화가 날 때도 있죠. 사람의 감정은 9초만 지나면 한풀 꺾인다는데, 오늘도 달달한 커피 한잔으로 9초를 넘겨봅니다.

– 배연실 총괄팀장

뒤를 돌아봤으니 다시 앞으로 걸어가는 일만 남은 것 같습니다. 저 혼자가 아닌 교수님과 선배 퍼

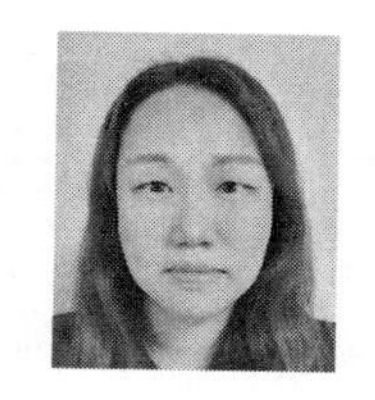

실리테이터님과 함께해서 어려움을 이겨내고 다시 걸어갈 수 있을 것 같아요. 언제나 함께했으면 좋겠습니다.

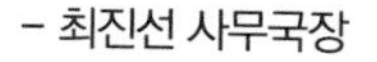

- 최진선 사무국장

활동을 통해 쌓인 역량을 바탕으로 협력하며 느꼈던 시너지를 통해 성장할 수 있는 소중한 시간이었습니다. 퍼실리테이션을 통해 서로의 이야기를 경청하며, 자유롭게 의견을 나누고, 공감과 이해를 바탕으로 함께 성장하는 우리의 모습이 기대됩니다.

- 강소나 기획팀장

함께 했을 때 내가 그 문제를 해결하려는 마음이 앞설 때 잠깐 멈추며 기다릴 수 있게 되었습니다. 존중의 마음이 씨앗 뿌려지고 경청으로 나를 가꾸어 이해의 꽃이 핍니다.

퍼실리테이터션을 통해 퍼실리테이터의 경험을 통해 성장프로그램을 만난 것 같습니다.

-강둘이

그저 다를 뿐, 틀리지 않은 사람들이 모여 살아가는 세상입니다. 간장 종지 같던 마음의 크기가 점점 자라나는 것을 느낍니다. 그저 시간이 흐르기에 자라는 것은 아닐 겁니다.

마음이 커지고, 눈높이가 높아진 데에는 분명 퍼실리테이션의 역할이 있었습니다. 경청의 힘을 심어

준 퍼실리테이션이 있기에, 나는 오늘도 상대의 말을 정리하고, 귀하게 듣는 퍼실리테이터로서 삽니다.

– 박정선

퍼실리테이션으로 만나 퍼실리테이터로 함께 성장해온 시간이 즐거웠습니다. 질문으로 서로 다가가고 사고하고 집단지성을 이루는 퍼실리테이션, 우리 사회 곳곳에 문화로 자리를 잡길 기원합니다. 사랑합시다. 감사합니다.

– 신유진

퍼실리테이션과 함께 나아가는 삶이어서 행복합니다. 옳음보다 친절로 단단히 다듬어진 퍼실리테이터로서 점점 성장하고 있는 나와 우리 모두를 응원합니다.

– 안수민

퍼실리테이션을 통해 관계의 기본을 배웁니다. 퍼실리테이션은 단지 의견을 취합하고 최상의 결과를 도출하는 도구로써의 기법이 아닙니다. 진정한 행복을 누릴 수 있는 마음을 갖추어 나가는 삶의 태도입니다. 전 국민의 퍼실리테이터화를 꿈꾸며 오늘도 '함께'라서 더 행복합니다.

– 이기양

'함께'라는 힘은 소중합니다.

다양한 콘텐츠를 가지고 있는 분들과 함께 조화

를 이룰 수 있어서 좋습니다. 여기, 지금, 이 순간. 한국퍼실리테이션협동조합 공동체가 되었다는 사실에 감사합니다.

- 이서미

함께 가는 이 여정이 참 귀한 보석과 같고 스스로 가치로움을 찾게 해준 퍼실리테이션으로의 삶이 참 감사하고 소중합니다. 더 많은 이들이 퍼실리테이션을 만나 본인 스스로 존귀함을 알고 나다움을 찾고 건강한 사회를 위해 노력하는 이들로 변화되었으면 하는 바램입니다.

- 이지은

긍정과 부정을 훈련하게 하며 나의 가치를 최대치로 이끌어 함께하게 하여 놀라움을 알게 해주는 한국퍼실리테이션협동조합입니다.

- 최순화

옳음보다 친절을 선택한

마쉬멜로우 퍼실리테이션

지은이 | 정현진 외
만든이 | 최수경
만든날 | 2023년 1월 12일
만든곳 | 글마당 앤 아이디얼북스
(출판등록 제2008-000048호)
서울 종로구 인사동길49
안녕인사동 408호
전　화 | 02)786-4284
팩　스 | 02)6280-9003
이　멜 | madang52@naver.com

ISBN | 979-11-93096-03-1(03370)

책값 15,000원